Heike E. Wagner
Hunde erziehen

# Hunde erziehen

Der richtige Weg zum
zuverlässigen Begleithund

Von Heike E. Wagner

Verlagshaus Reutlingen · Oertel + Spörer

## Haftungsausschluss

Die Hinweise in diesem Buch stammen von der Autorin.
Es können jedoch keinerlei Garantien übernommen werden.
Eine Haftung der Autorin bzw. des Verlages und seiner Beauftragten für Personen-,
Sach- und Vermögensschäden ist ausgeschlossen.

Die Deutsche Bibliothek – CIP-Einheitsaufnahme

**Wagner, Heike E.:**
Hunde erziehen : der richtige Weg zum
zuverlässigen Begleithund / von Heike E. Wagner. –
Reutlingen : Verl.-Haus Reutlingen,
Oertel und Spörer, 1999
ISBN 3-88627-228-1

© Verlagshaus Reutlingen · Oertel + Spörer · 1999
Postfach 16 42 · 72706 Reutlingen
Alle Rechte vorbehalten
Lektorat: Dr. Gabriele Lehari, Reutlingen
Schrift: 10/12 p Stone
Satz: typoscript GmbH, Kirchentellinsfurt
Reproduktionen: Oertel + Spörer, Reutlingen
Druck: Oertel + Spörer, Reutlingen
Einband: Heinrich Koch, Tübingen
Printed in Germany
ISBN 3-88627-228-1

# Vorwort

Wenn ich durch mein nachfolgend Geschriebenes eines erreicht habe, nämlich dass Sie Ihren Hund von dem ersten Tag des Einzuges in Ihr Haus erziehen möchten und nach einer gefestigten Bindung zielgerichtet ausbilden möchten, dann bin ich überglücklich!

Ich würde mir wünschen, dass jede/r Leser/in sich nach einer gewissen Gewöhnungszeit sich und seinen Vierbeiner – falls noch nicht geschehen – zu einem Kurs in einer Übungsgruppe anmeldet, damit Sie und Ihr Hund unter fachlicher Anleitung lernen, worauf es später ankommt. Nämlich, dass Sie sich mit Ihrem Hund später überall uneingeschränkt bewegen und sehen lassen können.

Wenn Sie bereits einen Hund in Ihrer Familie haben und noch keinen Verein gefunden haben, sprechen Sie auf Ihren Spaziergängen doch einmal andere Hundebesitzer an, lesen Sie in einer Fachzeitschrift nach oder erkundigen Sie sich bei Ihrem Tierarzt. Wenn Sie sich demnächst einen Rassehund anschaffen wollen, sprechen Sie mit Ihrem Züchter. Und wenn Sie einen Hund aus dem Tierheim holen, fragen Sie das zuständige Personal.

Eigentlich wollte ich doch auch nur einen Familienhund...

So fing es bei mir ursprünglich auch einmal an! Seit Kindheit an – irgendwann in den 60er Jahren – wollte ich einen „Strandhund", weil wir jedes (!) Jahr seit meiner Kindheit in allen (!) Ferien nach Dänemark fuhren und dort bald jeder zweite Bauer einen „Strandhund" hatte. Sie waren schön, freundlich zu uns Kindern und folgten auf sehr leise, sanfte Kommandos.

Meine Familie besaß (leider) nie einen von mir erfundenen „Strandhund". In meiner Kindheit wuchs ich mit einer Colliehündin und mit einem Cockerspanielrüden auf, deren Existenz ich nie missen möchte! Man kann weder Erfahrungen streichen noch irgendeinen Hund missen! Man lernt immer mit- und voneinander!

Es dauerte ca. 15 Jahre, bis ich in Deutschland bewusst den ersten Golden Retriever-Rüden bei einer Freundin kennen lernte. Toll! Das ist doch solch ein Strandhund aus Dänemark! Nein, das ist ein Rassehund aus England. Er besaß all die Eigenschaften eines Hundes, die ich mir seit meiner Kindheit an von einem Hund versprach und dachte, dass es selbstverständlich ist, dass ein Hund Fuß läuft, auf seiner Decke liegt oder auf Kommando Gegenstände apportiert. Dann wurde ich aufgeklärt. Nein, selbstverständlich sei das alles nicht: „Wir waren im Begleithundekurs!". Was ist das?

Aus meiner jetzigen Sicht als Hündinnenhalterin, Ausbilderin und Züchterin, weiß ich, was das ist! Das Gespann Mensch und Hund dahin zu bringen (zu arbeiten), dass einerseits die Arbeit beiden Spaß macht und man sich andererseits überall sehen lassen kann, ohne irgendjemandem in die Quere zu kommen oder nicht mehr gern gesehen zu sein.

Ich muss mit meiner jetzigen Erfahrung heutzutage gestehen, dass ich innerlich jedesmal schmunzeln muss, wenn ein kleiner Hund an einer Flexi-Leine kläffend an uns vorbeigeht und Frauchen fast um einen Laternenpfahl wickelt, während meine Hündinnen mich anschauen und wedelnd und schweigend neben mir Fuß laufen. Aber das kommt nicht von ungefähr. Hinter jedem Hund, der positiv auffällt, steckt verdammt viel Verständnis zum Hund, Liebe und konsequente Erziehung und Arbeit – ein Hundeleben lang!

Ich musste 33 Jahre alt werden, bis ich mir meinen Kindheitstraum erfüllen konnte. Über den VDH („Veband für das Deutsche Hundewesen" in Dortmund) erfuhr ich vom „Deutschen Retriever Club" und ließ mir eine aktuelle Welpenliste von seinerzeit gedeckten Hündinnen schicken. Ich wurde glücklicherweise auch bald fündig und fand eine gewissenhafte und gute Zucht in unserer Nähe. Unsere Golden Retriever Hündin „Donna" kam endlich zur Welt – nun hieß es jede Woche auf zum Züchter. In endlosen Gesprächen mit unserer Züchterin wurde uns klar, dass viel mit unserem Hund unternommen werden würde! Nämlich: Welpentreffen, Begleithundekurs, Ringtraining (Vorbereitung auf Ausstellungen), Dummy-Kurse u. v. m.

An dieser Stelle möchte ich an jeden appellieren, der sich einen Hund anschaffen möchte, sich im Vorfeld gründlichst über alles zu informieren. Hierzu gehört sicherlich nicht nur der Kauf eines hübschen Hundekörbchens, der Futterschüsseln oder etwas Spielzeug für den Vierbeiner. Informieren Sie sich über das Angebot von Welpentreffen, Junghundekursen, Begleithundekursen o. Ä. in Ihrer Gegend. Gehen Sie bereits schon, bevor Sie Ihren Hund bekommen, einmal als Gast auf einen Hundeplatz, auf dem eine Übungsgruppe trainiert, damit Sie sich davon überzeugen können, ob Ihnen der Stil des Ausbilders und das Gelände gefallen.

Erziehung fängt aber nicht erst auf dem Hundeplatz an, sondern zu Hause, sobald Ihr Hund Ihr Heim betritt. Ausbildung ist das gezielte Training und die Beschäftigung für Sie und Ihren Hund, damit Sie Beide nicht rasten und rosten und das Zusammenleben mit Ihrem vierbeinigen Kamerad bis zum „bitteren" Abschied harmonisch und angenehm bleibt. Ihr Hund – und auch Sie – brauchen sinnvolle Beschäftigung!

*Heike E. Wagner*

# Danke

„Schuld" an der Entstehung dieses Buches ist Frau Dr. Brigitte Rauth-Widmann, die mich auf die Idee brachte, es zu schreiben, worüber ich mich wirklich freue. Mit ihrer Labrador-Hündin Tessa und meiner Golden-Hündin Donna haben wir gemeinsam von der „Pike auf" gelernt! Danke, Brigitte, dass du mir so oft zugehört, mich kritisiert und aufgebaut hast, und auch dir Karl-Heinz für deinen unermüdlichen Einsatz in puncto Fotos! Es war immer sehr angenehm, mit dir und den Hunden zusammenzuarbeiten, auf Objektsuche zu gehen und auszusuchen, was wir unseren Lesern bildlich präsentieren möchten!

An dieser Stelle auch ein Dankeschön an meinen – Gott sei Dank – handwerklich begabten Mann, der es mir überhaupt ermöglicht hat, dieses Buch zu schreiben. Da wir in unserem Haus mit den Hunden zwei Etagen (Schlafen unter dem Dach, Wohnen im unteren Geschoss!) bewohnen, sich mein kommerzielles Büro im Dachgeschoss befindet und wir zu Beginn meines „Autorendaseins" eine kleine Hündin aus eigener Zucht behalten haben, war mein Mann kurz entschlossen der Meinung, dass ich trotz des Problems „Stubenreinheit" ruhig mit meiner Arbeit für dieses Buch beginnen könne, weil wir schon irgendwie einen Arbeitsplatz im Wohnbereich finden würden. Er bohrte kurzerhand ein Loch durch die Zimmerdecke, zog die Verbindungskabel zum Computer hindurch, kaufte einen zweiten Bildschirm sowie eine zweite Tastatur und ermöglichte mir somit bei unserer noch nicht stubenreinen Leila – die sich tagsüber mit den anderen „Großen" im unteren Wohnbereich befindet – zu sein und gleichzeitig für Sie, liebe Leser/innen, etwas über Erziehung und Ausbildung zu schreiben. Ein dickes Küsschen – Peter – und Danke! Auch für die Endlosgespräche, Kritiken und vor allem dafür, dass du all meine Launen ausgehalten hast.

Nicht zuletzt haben meine liebe Freundin Doris und ihre Hündin Jule dazu spontan beigetragen, dass viele Fotos im Rahmen der

Hauserziehung entstehen konnten. Auch hierauf bin ich stolz und darüber bin ich glücklich! Danke liebe Doris und liebe Jule! Mit euch zu arbeiten, war sehr harmonisch und angenehm!

Mein Dank gilt nicht zuletzt auch Frau Dr. Gabriele Lehari, zu der ich sehr schnell nicht nur einen „hundlichen" Draht gefunden habe, worüber ich mich sicherlich auch noch nach Fertigstellung dieses Buches freuen kann!

# Inhalt

**Vorwort** . . . . . . . . . . . . . . . . . . . . . . . . . . . . . . . . . . . . . . . . . . . . V

**Danke** . . . . . . . . . . . . . . . . . . . . . . . . . . . . . . . . . . . . . . . . . . . VIII

**1 Hauserziehung** . . . . . . . . . . . . . . . . . . . . . . . . . . . . . . . . 13

   Ab wann sollte man seinen Hund erziehen? . . . . . . . . . . 16

   Gewöhnung an späteres erwünschtes Verhalten . . . . . . . 24

      Stubenreinheit . . . . . . . . . . . . . . . . . . . . . . . . . . . . . . 25

      Das Zauberwort: der Name . . . . . . . . . . . . . . . . . . . 28

      Lob . . . . . . . . . . . . . . . . . . . . . . . . . . . . . . . . . . . . . . 29

      Tadel . . . . . . . . . . . . . . . . . . . . . . . . . . . . . . . . . . . . . 32

      Spiel . . . . . . . . . . . . . . . . . . . . . . . . . . . . . . . . . . . . . . 36

      Kontaktliegen . . . . . . . . . . . . . . . . . . . . . . . . . . . . . . . 38

      Beißhemmung . . . . . . . . . . . . . . . . . . . . . . . . . . . . . . 38

      Pflege . . . . . . . . . . . . . . . . . . . . . . . . . . . . . . . . . . . . . 41

      Halsband und Leine . . . . . . . . . . . . . . . . . . . . . . . . . . 42

      Alleinbleiben . . . . . . . . . . . . . . . . . . . . . . . . . . . . . . . 50

      Steadyness oder (innere) Standruhe . . . . . . . . . . . . . 52

      Autofahren . . . . . . . . . . . . . . . . . . . . . . . . . . . . . . . . 56

      „GIB LAUT" – Der Hund soll bellen . . . . . . . . . . . . . 60

      Hund und Katze . . . . . . . . . . . . . . . . . . . . . . . . . . . . 61

   Vermeidung unerwünschter Verhaltensweisen . . . . . . . . 63

      Vorsorge ist besser... . . . . . . . . . . . . . . . . . . . . . . . . 63

      Betteln am Tisch . . . . . . . . . . . . . . . . . . . . . . . . . . . 64

      Der Hund und das Sofa . . . . . . . . . . . . . . . . . . . . . . 65

      Die Haustür . . . . . . . . . . . . . . . . . . . . . . . . . . . . . . . 66

      Der Hund und seine Ängstlichkeit . . . . . . . . . . . . . . . 67

      Es ist bereits etwas passiert . . . . . . . . . . . . . . . . . . . 71

**2 Der Spaziergang** . . . . . . . . . . . . . . . . . . . . . . . . . . . . . . 73

   Übungen auf dem Spaziergang . . . . . . . . . . . . . . . . . . . 73

   Umgang mit Artgenossen . . . . . . . . . . . . . . . . . . . . . . . 79

   Umgang mit Menschen . . . . . . . . . . . . . . . . . . . . . . . . 82

Kommandos ohne Aussicht auf Erfolg . . . . . . . . . . . . . . 84
Der Hund neigt zum Weglaufen/Wildern . . . . . . . . . . . 86
Gefahren auf dem Spaziergang . . . . . . . . . . . . . . . . . . 89
Umgang mit Umweltreizen: Der Stadtspaziergang . . . . . 90
Hund und Fahrrad oder Pferd . . . . . . . . . . . . . . . . . . . 97
   Der Hund am Fahrrad . . . . . . . . . . . . . . . . . . . . . . . . 97
   Der Hund als Begleiter beim Reiten . . . . . . . . . . . . . . 101

3 Welpenspieltage . . . . . . . . . . . . . . . . . . . . . . . . . . . . 103
Was sind Welpenspieltage? . . . . . . . . . . . . . . . . . . . . . 103
   Seit wann gibt es Welpenspieltage? . . . . . . . . . . . . . . 105
Wie finde ich einen Welpenspieltag? . . . . . . . . . . . . . . 105
Was sollte bei einem guten Welpenspieltag auf dem
Programm stehen? . . . . . . . . . . . . . . . . . . . . . . . . . . . 106
Was sollte bei einem guten Welpenspieltag nicht
auf dem Programm stehen? . . . . . . . . . . . . . . . . . . . . 109

4 Gezielte Ausbildung . . . . . . . . . . . . . . . . . . . . . . . . . 111
Hör- und Sichtzeichen . . . . . . . . . . . . . . . . . . . . . . . . 111
   Stimme . . . . . . . . . . . . . . . . . . . . . . . . . . . . . . . . . . . 111
   Pfeife . . . . . . . . . . . . . . . . . . . . . . . . . . . . . . . . . . . . . 112
   Sichtzeichen . . . . . . . . . . . . . . . . . . . . . . . . . . . . . . . 112
   Die Kommandos . . . . . . . . . . . . . . . . . . . . . . . . . . . . 113
Technische Hilfsmittel . . . . . . . . . . . . . . . . . . . . . . . . . 115
   Lange Leine . . . . . . . . . . . . . . . . . . . . . . . . . . . . . . . 115
   Halti . . . . . . . . . . . . . . . . . . . . . . . . . . . . . . . . . . . . . 116
   Wurfkette . . . . . . . . . . . . . . . . . . . . . . . . . . . . . . . . . 118
   Reizangel . . . . . . . . . . . . . . . . . . . . . . . . . . . . . . . . . 119
Ausbildung in der Gruppe . . . . . . . . . . . . . . . . . . . . . . 120
   Wie findet man die richtige Gruppe? . . . . . . . . . . . . 121
   Erst lernt der Mensch . . . . . . . . . . . . . . . . . . . . . . . . 123
   Zweckmäßige Kleidung . . . . . . . . . . . . . . . . . . . . . . 123
   Was bietet der Erziehungskurs? . . . . . . . . . . . . . . . . 124

5 Begleithundeausbildung . . . . . . . . . . . . . . . . . . . . . . 129
SITZ . . . . . . . . . . . . . . . . . . . . . . . . . . . . . . . . . . . . . . 136
   Grundstellung . . . . . . . . . . . . . . . . . . . . . . . . . . . . . 136
   SITZ auf Entfernung . . . . . . . . . . . . . . . . . . . . . . . . . 137

PLATZ . . . . . . . . . . . . . . . . . . . . . . . . . . . . . . . . . . . . . . . 140
    PLATZ aus der Grundstellung . . . . . . . . . . . . . . . . . . 140
    PLATZ auf Entfernung . . . . . . . . . . . . . . . . . . . . . . . 142
HIER . . . . . . . . . . . . . . . . . . . . . . . . . . . . . . . . . . . . . . . . 145
    Vorsitzen . . . . . . . . . . . . . . . . . . . . . . . . . . . . . . . . . 147
Leinenführigkeit . . . . . . . . . . . . . . . . . . . . . . . . . . . . . . 152
    Rechtswendung . . . . . . . . . . . . . . . . . . . . . . . . . . . . 156
    Linkswendung . . . . . . . . . . . . . . . . . . . . . . . . . . . . . 157
    Kehrtwendung . . . . . . . . . . . . . . . . . . . . . . . . . . . . . 159
    Verschiedene Gangarten . . . . . . . . . . . . . . . . . . . . . 162
Freifolge . . . . . . . . . . . . . . . . . . . . . . . . . . . . . . . . . . . . 162
SITZ in Verbindung mit Heranholen . . . . . . . . . . . . . . . 165
PLATZ in Verbindung mit Heranholen . . . . . . . . . . . . . . 166
Ablegen in Sicht des Führers . . . . . . . . . . . . . . . . . . . . 166
Ablegen außer Sicht des Führers . . . . . . . . . . . . . . . . . 169
Ablegen außer Sicht des Führers mit Ablenkung . . . . . . . 172
Apportieren . . . . . . . . . . . . . . . . . . . . . . . . . . . . . . . . . 172
Schuss . . . . . . . . . . . . . . . . . . . . . . . . . . . . . . . . . . . . . 177

6  Begleithundeprüfung . . . . . . . . . . . . . . . . . . . . . . . . . 178
Allgemeine Bestimmungen . . . . . . . . . . . . . . . . . . . . . . 178
Teil 1: Begleithundeprüfung auf einem Übungsplatz
        oder freiem Gelände . . . . . . . . . . . . . . . . . . . . . 179
Teil 2: Prüfung im Verkehr . . . . . . . . . . . . . . . . . . . . . 183
    Allgemeines . . . . . . . . . . . . . . . . . . . . . . . . . . . . . . . 183
    Prüfungsablauf . . . . . . . . . . . . . . . . . . . . . . . . . . . . . 183

Schlusswort . . . . . . . . . . . . . . . . . . . . . . . . . . . . . . . . . . 190

Literatur . . . . . . . . . . . . . . . . . . . . . . . . . . . . . . . . . . . . 192
Wichtige Adressen . . . . . . . . . . . . . . . . . . . . . . . . . . . . 193
Sachwortregister . . . . . . . . . . . . . . . . . . . . . . . . . . . . . 195
Abbildungsnachweis . . . . . . . . . . . . . . . . . . . . . . . . . . . 197

# 1 Hauserziehung

Ob man es glaubt oder nicht: Wenn man seinen Hund nicht erzieht oder erziehen möchte, ist er irgendwann dennoch erzogen! Das gesamte Leben eines jeden Hundes besteht aus Lernen. Ein Hund handelt naturgemäß instinktiv, d. h., er orientiert sich primär an Erfolgserlebnissen. Das erste Erfolgserlebnis eines jeden neugeborenen Hundes besteht darin, so schnell wie möglich an die Zitze der Mutter zu kommen, um somit an den Erfolg Nahrung (Milch) zu gelangen. Durch dieses erste Erfolgserlebnis ist ein Hund für immer geprägt. Er wird ein Leben lang bestrebt sein, an (s)ein Erfolgserlebnis zu gelangen, im Zweifel auch ohne Ihr Zutun. Es liegt also an Ihnen selbst, Ihren Hund durch gezieltes Lernen am Erfolg zu dem Verhalten zu bringen, welches Sie von ihm erwarten.

Wenn Sie von Anfang an **gezielt** und **sofort** ein erwünschtes Verhalten bei Ihrem Hund belohnen, wird dieses Verhalten bei Ihrem Hund verstärkt und wenn Sie es wiederholt belohnen, wird dieses Verhalten bei Ihrem Hund gefestigt. Dieses Schema „Verhalten wird belohnt" stellt für den Hund eine Verknüpfung dar und er lernt schnell das, was Sie von ihm wünschen.

Ein Hund, der von seinen Menschen nicht erzogen wird, erzieht sich schließlich selbst. Man spricht in solch einem Fall von „Selbsterziehung". Gerade ein Welpe oder Junghund, der außer der Erziehung seiner Mutter und eventuell seiner Wurfgeschwister noch keine weiteren äußeren Einflüsse seitens eines Menschen erlebt hat, wird stets versuchen, so weit zu kommen, wie er es gerne hätte. Damit der Hund später nicht mit Ihnen umgeht, sondern Sie mit ihm, ist es unbedingt notwendig, den Hund zu erziehen, damit ein angenehmes Zusammenleben mit ihm möglich ist.

Die Tatsache, dass Sie dieses Buch in der Hand haben, zeugt davon, dass Sie gewillt sind, Ihren Hund zielgerichtet zu erziehen. Doch machen Sie sich nichts vor: **Erst lernt der Mensch und**

**dann der Hund.** Wie soll ein Hund etwas ausführen, wenn man ihm nicht begreiflich machen kann, was man von ihm verlangt?

Erwarten Sie niemals zu schnell zu viel von Ihrem Vierbeiner. Seien Sie geduldig, verständnisvoll und konsequent. Versuchen Sie stets, Ihren Hund zu verstehen und seine physische und psychische Entwicklung hierbei zu berücksichtigen – dann ist Hundeerziehung eigentlich ganz einfach.

Wenn ein Hund seine Grenzen nicht von uns gezeigt bekommt, kann es sich mitunter später als sehr mühsam, ja sogar unmöglich erweisen, mit solch einem Hausgenossen in einer für beide Seiten harmonischen Gemeinschaft zu leben. Schnell wird solch ein Hund seine Menschen erziehen! Er wird voraussichtlich betteln, Sofa und Sessel „erobern", Kissen dahin apportieren, wo er sie gerne hätte, Gegenstände annagen oder zerfetzen u. v. m.

Es gestaltet sich als äußerst schwierig, später erlernte und gefestigte Eigenschaften aus dem erwachsenen Hund wieder herauszubekommen und ihm unerwünschte Verhaltensweisen wieder abzugewöhnen. Aus diesem Grund ist es jedem anzuraten, seinen Hund durch Konsequenz und Liebe so zu erziehen, wie man sich das spätere Verhalten des Hundes und somit ein angenehmes Zusammenleben vorstellt. Für eine harmonische und gute Erziehung Ihres Vierbeiners ist nicht nur Ihr Handeln erforderlich, sondern ebenso eine gute Bindung mit gegenseitigem Vertrauen.

Die Bindung und das Vertrauen zwischen Ihnen und Ihrem Hund entsteht nicht von heute auf morgen – sie wächst durch gemeinsame positive Erlebnisse, die nicht unbedingt mit Erziehung zu tun haben müssen. Hierzu gehören u. a. eine feste Bezugsperson, ein geregelter Tagesablauf, das tägliche Spiel, Kontaktliegen mit dem Hund, die Fellpflege, täglicher intensiver Blickkontakt mit Ihrem Hund, sinnvolle Beschäftigung nach den jeweiligen Neigungen des Hundes sowie die Tatsache, dass sie Ihrem Hund stets die äußerst wichtige und für ihn notwendige **Sicherheit** bieten.

Sie als Mensch übernehmen jetzt die Rolle des Rudelführers. In freier Natur ist der Rudelführer der Leithund, der für die Sicherheit seines Rudels sorgt. Zeigt der Leithund Schwäche und bringt somit sein Rudel in Gefahr, wird ein anderes Rudelmitglied versuchen, seinen Rang einzunehmen und den Leithund abzulösen. Da

Es ist einfach schön,
wenn ein Kind mit einem
vierbeinigen Freund aufwächst!

Hunde äußerst soziale Wesen sind, akzeptieren alle anderen Rudelmitglieder diese Rangordnung und fügen sich dem Leithund. Wenn Sie sich diese Tatsache vor Augen führen, wird Ihnen sehr schnell klar, dass ein erzogener Hund, also ein Hund, der im Rang unter Ihnen steht, nicht unglücklich ist, sondern sich im Gegenteil geborgen und sicher fühlt.

Kümmern Sie sich intensiv um Ihren Hund und sorgen Sie ebenso für seine Sicherheit – er wird es Ihnen danken!

## Ab wann sollte man seinen Hund erziehen?

Es herrscht noch sehr verbreitet die Meinung, dass man einem jungen Hund erst einmal seine Jugend lassen muss – insbesondere, da ein Welpe ja so niedlich aussieht und noch so unbeholfen wirkt. Erziehung sollte jedoch sofort beginnen, wenn Ihr neues Familienmitglied zu Hause einzieht. Ein Hund ist von Geburt an in der Lage zu lernen, und zwar ein Leben lang. Beginnen Sie also sofort, denn im Endeffekt festigen Sie nur all die Verhaltensweisen des Hundes, die er bereits von Natur aus beherrscht. Er kann z. B. von Natur aus sitzen, sich hinlegen, langsam und schnell laufen, apportieren, zu seinem „Rudelführer" kommen, von einer Beute ablassen u. v. m. Es liegt nun an Ihnen, durch gezielte Erziehung Ihren Hund dazu zu bringen, auf Ihren Wunsch hin etwas (für Sie) zu tun oder zu unterlassen.

Jeder, der sich einen Hund an(ge)schafft (hat) – egal, wie alt der Hund ist – ist hoffentlich immer genauso bestrebt und bemüht, alles richtig zu machen wie eine Familie, die Nachwuchs erwartet. Ein Hund ist ein Familienmitglied für viele Jahre. Um harmonisch zusammenzuleben, sollte man von Anfang an versuchen, sich gegenseitig zu arrangieren. Der Hund als soziales Wesen möchte Sie verstehen und Sie als Mensch sollten versuchen, seine veranlagungsbedingten Verhaltensweisen zu verstehen. Die Erziehung eines Hundes erfordert wesentlich mehr, als lediglich seine natürliche Bereitschaft sich unterzuordnen auszunutzen. Da der Hund ein soziales Wesen ist, ist seine Unterordnungsbereitschaft sehr hoch und der Mensch kann durch ausreichendes Verständnis der meist geräuschlosen Hundesprache erwünschtes Verhalten beim Hund leicht „anerziehen". Der Hund lernt sehr schnell am Erfolg, d. h. durch positive Erlebnisse.

Es macht für beide Lebenspartner das gesamte, hoffentlich lange Zusammenleben nur angenehm, wenn jeder weiß, wo er steht. Nur ein erzogener Hund ist ein glücklicher Hund, weil er ein Gefühl für Recht und Unrecht entwickelt. Ein hingegen vom Hund erzogener Mensch kann einerseits sehr unglücklich mit seinem Hund sein (ja, ihn sogar hassen oder Angst vor ihm haben), macht sich vor „hundelosen" Menschen u. U. lächerlich und wird eventuell gemieden oder gar gehasst. Und außerdem bezweifele ich, ob ein unerzogener Hund glücklich ist. Das Resultat einer solchen „Hundeerziehung" bedeutet oft die Resignation des Menschen und endet für den Hund leider oft im Tierheim!

Also beginnen Sie sofort mit der Erziehung Ihres Hundes, wenn er Einzug in Ihre Familie hält. Auch wenn Mensch und Hund völlig unterschiedliche Veranlagungen, Verhaltensmuster und Verständigungsweisen besitzen, so ist es doch für beide Seiten möglich, miteinander zu kommunizieren. Der Hund als soziales Wesen versucht seinerseits permanent Sie, seinen Menschen, zu verstehen, also bemühen Sie sich Ihrerseits ebenso, Ihren Hund zu verstehen. Voraussetzung dafür ist, dass der Mensch sich in den Hund versetzt und so „hundlich" wie möglich handelt. Ein Hund „denkt" im – d. h., er verknüpft stets – Jetzt und Hier. Er ist weder nachtragend noch kann er weit vorausschauend denken und handeln.

Versuchen Sie deshalb bei der Erziehung Ihres Hundes so emotionslos wie möglich vorzugehen. Seien auch Sie nicht nachtragend, wenn einmal etwas nicht funktioniert, und erwarten Sie im Voraus nicht zu viel auf einmal. Gut Ding braucht Weile! Dennoch, trauen sie Ihrem Hund Stück für Stück auch etwas zu, damit Sie mit Ihrer Erziehung vorankommen und nicht auf der Stelle treten. Wenn Sie einmal in Ihrer Erziehung etwas falsch gemacht haben, zermartern Sie sich nicht Ihr Hirn – Ihr Hund hat in der Regel den Vorfall schnell vergessen!

Gönnen Sie Ihrem jungen Hund zwar viel Zeit für seine Entwicklung und dazu, dass er sein neues Heim in Ruhe erkunden und kennen lernen kann, aber nutzen Sie seinen Lernwillen von Beginn an täglich aus. Ein Welpe möchte sich von Anfang an in sein neues Rudel – seine jetzige Familie – eingliedern und einen festen Platz in der Rangordnung haben und ist sehr wohl imstande, von Anfang an ein Gespür für Recht und Unrecht zu entwickeln, wenn der Mensch ihm hierfür Signale setzt. Wichtig hierbei ist seitens der Menschen einerseits **das richtige Timing** und die **Angemessenheit des Handelns.** Sowohl Lob als auch Tadel sollten unmittelbar (jetzt und hier und wenn möglich emotionslos) für den Hund mit der jeweiligen Situation verknüpfbar, d. h. aus Sicht des Hundes nachvollziehbar sein. Hierfür bedarf es oftmals sehr viel Feinfühligkeit.

Ich stelle immer wieder fest, dass wir heutzutage sehr viel wissen (wir kaufen uns z. B. „schlaue" Bücher) und dennoch sehr wenig aus der Sicht des Hundes verstehen. Bedienen Sie sich bei der Erziehung insbesondere Ihres Welpen oder Junghundes nicht nur Ihrer Stimme, sondern auch Ihrer Körpersprache und Mimik. Oft bewirkt ein strafender oder liebevoller Blick oder eine freundliche oder drohende Körperhaltung mehr als tausend Worte! In der Hundewelt verständigen sich alle Rudelmitglieder untereinander fast stillschweigend! Da wir Menschen jedoch glauben, uns am besten verbal verständigen zu können, müssen wir unsere Sprache bei der Erziehung des Hundes als menschliches Hilfsmittel mit einsetzen.

Sprechen Sie von Anfang an mit Ihrem Hund sehr, sehr leise – ja flüstern Sie sogar mit ihm. Er wird umso mehr bemüht sein, Sie zu verstehen. Unterhalten Sie sich wirklich einmal ganz leise mit Ihrem Hund, wobei es auf den Inhalt Ihrer Worte überhaupt nicht ankommt, da der Hund den Inhalt sowieso nicht versteht. Er spürt lediglich, ob Sie es gut oder nicht gut mit ihm meinen. Sie können einem Hund z. B. in einem ganz leisen und liebevollen Ton erzählen, dass er doch ein „ganz schrecklicher Hund" ist und dass Sie jetzt überhaupt keine Lust haben, mit ihm zu spielen. Ihr Hund wird sich sicherlich über Ihre freundlichen Worte freuen. Hingegen können Sie ihm in einem leisen ärgerlichen Ton versichern, dass er ein „ganz lieber Hund" sei und dass Sie in „ganz toll" finden. Er wird ihrem Blick ausweichen und sich unverstanden und getadelt fühlen.

Sparen Sie sich wirklich Ihre Stimmreserve für längere Distanzen in freier Natur auf. Sie haben sicherlich einmal Gegenwind

Drago kennt von klein auf die Spielregeln! Frauchen öffnet in Ruhe die Tür – er wartet geduldig.

oder Umweltgeräusche, vielleicht sind Sie auch einmal wegen einer groben Unart wirklich böse mit Ihrem Hund, so dass Sie Ihre Stimme automatisch anheben werden und müssen.

Bedenken Sie nur einmal, dass allen Bemühungen, sich einen Jogurt heimlich und unbemerkt aus dem Kühlschrank zu holen, fehlschlagen, da Ihr Hund aus dem Tiefschlaf vom leisesten Geräusch wach wird und in die Küche kommt. Hören können Hunde nämlich äußerst gut. Während ein Mensch z. B. bis maximal 20 Kilohertz wahrnimmt, nimmt ein Hund hingegen bis zu 100 Kilohertz wahr. Hinzu kommt, dass das Hundeohr durch äußerst viele Muskeln, im Gegensatz zum menschlichen Ohr, in der Lage ist, in „sämtliche Richtungen" zu hören – insbesondere bei Hunden mit Stehohren, da sie diese in alle möglichen Positionen ausrichten können.

Beim Zusammenspiel von Mimik, Körpersprache und Stimme ist jedoch zu beachten, dass alles zusammenpasst. Beispielsweise stellt es für den Hund eine physische Bedrohung dar, wenn Sie sich mit total angespannter, aufrechter Körperhaltung über Ihren Hund beugen, weil er gerade auf Ihr Kommando hin artig „SITZ" gemacht hat und mit monotoner Stimme sagen: „Ringo, das hast du aber fein gemacht." Der Hund kann Ihre Reaktion nicht als Lob (also als Erfolgserlebnis) erkennen und versteht Sie somit nicht. Im Gegenteil: Er wird Ihre Reaktion als Tadel deuten und beim nächsten Kommando „SITZ" irritiert sein.

Ebensowenig passt es zusammen, wenn Sie telefonieren und dabei tatenlos zusehen, wie Ringo eine Zeitschrift zerfetzt, und zu Ihrem Telefonpartner sagen: „Jetzt zerfetzt Ringo mir doch tatsächlich die Zeitung." Ringo hört zwar seinen Namen, wird sich aber dennoch an der Zeitung weiter zu schaffen machen, da er Ihre Äußerung nicht als Tadel aufnimmt, sondern eher als liebevolles Lob. Genauso wenig Sinn macht es, wenn Sie Ihren Hund im Wartezimmer beim Tierarzt schweigend und liebevoll tätscheln, um ihn zu beruhigen, wenn er vor Angst zittert. Sie loben ihn lediglich dafür, dass er Angst hat, und er wird schnell gelernt haben, dass man beim Tierarzt Angst haben muss.

Die Kette dieser Beispiele könnte endlos lang sein, aber Sie haben sicherlich bereits gemerkt, dass der Hund aus seiner Sicht eigentlich alles richtig macht – im Gegensatz zu seinem Menschen! Und genau das ist der beste Ansatz der Erziehung Ihres Hundes. Auch wenn manch einer es nicht gerne wahrhaben möchte: Suchen Sie immer zuerst die Fehler bei sich und nicht beim Hund, denn er macht eigentlich nur richtig, was Sie von

…gen.

…nit der Erziehung beginnen möchten, …nerein klar, was Ihr Hund jetzt und …nicht. Wenn Sie z. B. nicht möchten, …n Sofa liegt, unterbinden Sie dies von …uent. Der Hund versteht nicht, dass er …ler Couch liegen darf, während er das …. Verstärken Sie von Anfang an er- …unterbinden Sie konsequent uner- …Nur ein Hund, der eine feste Rang- …, weiß, wo er hingehört, und ist ein …Rudel hat jedes Rudelmitglied auch

…ffung Ihres Hundes mit **allen** Famili- …er Familie für welche Aktivitäten zu- …e, gezielte Erziehung etc.) und geben …einen gleichmäßigen Tages- und Ver- …ie er unbedingt für ein harmonisches …braucht. Diese Sicherheit wird sich …und somit auf sein Verhalten in jeg- …n.

…, was Sie wann zu Ihrem Hund sagen, …reichen oder etwas Unerwünschtes zu …ze Kommandos, die sie immer und in …den. Selbst wenn Hunde intelligente Lebewesen sind – Sie machen es Ihrem Vierbeiner nicht leichter, Sie zu verstehen, wenn Sie für ein und dasselbe erwünschte oder unerwünschte Verhalten stets verschiedene Aussagen treffen und diese auch noch mit „Füllwörtern" schmücken! („Ringo, nun gib doch endlich aus!", „Ringo, gib Frauchen den Ball!", „Ringo, her damit!" etc.)

Auch wenn es für Sie ungewöhnlich klingen mag, legen Sie sich schriftlich eine Kommandoliste an, an die sich jeder innerhalb der Familie halten sollte. Diese könnte wie folgt aussehen:

| Kommando | Erwünschtes Verhalten |
|---|---|
| Nein | Egal, was du gerade tust, lass es (Möbel annagen, im Garten buddeln, Menschen anspringen, am Tisch betteln etc.). |
| Aus | Gib mir den Gegenstand, den du gerade im Fang hast. |
| Geh Wiese | Der Hund soll sich am vorgesehenen Ort lösen. |
| Geh in dein Körbchen | Der Hund soll an seinen für ihn vorgesehenen Platz. |
| Gib Laut | Der Hund soll bellen. |
| Bleib | Der Hund soll an der Haustür warten, bis ein Besucher im Haus ist. Der Hund soll im Auto sitzen bleiben, bis er zum Aussteigen aufgefordert wird. |
| Hopp | Der Hund soll in das oder aus dem Auto springen. |
| Brav | Der Hund macht etwas richtig. |
| Still | Der Hund soll aufhören zu betteln. |
| Sanft | Der Hund soll seine „Kräfte drosseln". |
| usw. | |

Ihrer Fantasie sind keinerlei Grenzen gesetzt. Aber nochmals: Sprechen Sie sich mit jedem Familienmitglied ab und halten Sie sich stets an einmal gewählte Kommandos. Achten Sie hierbei auch auf phonetische Ähnlichkeiten wie z. B. „AUS" für etwas, was der Hund aus dem Fang geben soll, und z. B. „RAUS" für: Der Hund soll aus einem hübschen Blumenbeet herauskommen; oder auf die Ähnlichkeiten von „Fein" und „Nein". Für den Hund sind diese phonetischen Unterscheidungen recht schwierig.

Auf die Kommandoliste im Sinne der gezielten Erziehung komme ich später noch zu sprechen.

Im Laufe dieses Buches werden Sie erfahren, dass ein Hund im Grunde genommen nur fünf Kommandos **beherrschen muss**: SITZ, PLATZ, FUSS, HIER und BLEIB. Sinnvoll sind zwei weitere Kommandos, die ein Hund **können sollte**: NEIN und AUS! Momentan erscheint Ihnen das wahrscheinlich recht wenig, aber im Laufe der Zeit werden Sie merken, wie viel Zeit, Einfühlungsvermögen, Geduld, Wiederholungen und Konsequenz erforderlich sind, um Ihrem Hund diese Dinge so beizubringen, dass er sie auch ein Hundeleben lang zuverlässig beherrscht. Versuchen Sie

Kinder müssen lernen, richtig mit Hunden umzugehen.

stets, Ihren Hund zu verstehen, haben Sie Geduld und machen Sie nie den zweiten vor dem ersten Schritt. Und bleiben Sie konsequent! Was ein Hund einmal hundertprozentig verinnerlicht und gelernt hat, wird er auch immer in jeder Situation durchführen. All die Zeit, die Sie verschwenden, Ihren Hund nicht zu erziehen, wird er nutzen, selbst etwas für sich zu lernen, ob Ihnen oder anderen das gefällt oder nicht.

Kinder in der Familie – ganz besonders kleinere – sollten sich gänzlich aus der Erziehung des Hundes heraushalten. Sie verfügen noch nicht über die notwendige Konsequenz und das notwendige Verständnis für einen Hund. Vergessen Sie bei all Ihren Bemühungen, Ihren Hund zu erziehen, nicht, die Kinder genügend aufzuklären und sie insbesondere dazu anzuhalten, dass sie dem Hund seine nötigen Ruhephasen gönnen und akzeptieren. Sie sollten sich weiterhin vom Fressnapf des Hundes fern halten, ihm keine Gegenstände (insbesondere Kauartikel) abnehmen und ihn nicht sinnlos herumkommandieren, da sie in der Regel ihre Kommandos sowieso nicht durchsetzen. Kinder sollten den Hund auch nicht ärgern und reizen, indem Sie ihm in die Augen piksen, in den Nasenlöchern herumbohren, an der Rute und an den Ohren ziehen o. Ä.

Ein Hund nimmt ein Kind (auch ein fremdes) bis zur Pubertät überhaupt nicht für voll und wird stets versuchen, im Rang seiner Familie – seinem Rudel – über dem rangniedrigeren Mitglied – also über dem Kind – zu stehen!

## Gewöhnung an späteres erwünschtes Verhalten

Wie jedes andere Lebewesen auch lernt der Hund in seiner Jugend am schnellsten und nachhaltigsten. Nutzen Sie seine rasche Auffassungsgabe täglich aus. Hier nur ein paar kleine Beispiele, die Sie im Alltag gut ausbauen können:

Klein-Ringo setzt sich von selbst vor Ihnen hin und schaut Sie an. Genau **während** er sich setzt, bekommt er von Ihnen das Kommando „SITZ" und wird gelobt. Gehen Sie einfach mal zu Klein-Ringo hin, wenn er wach und entspannt ist. Wenn er aufsteht, halten Sie ihm einen Leckerbissen über seinen Kopf zwischen Mittelfinger und Daumen Ihrer rechten Hand und strecken den Zeigefinger dabei aus. Er wird Ihrer Hand bzw. dem Leckerbissen mit seinem Blick folgen und sich setzen. Genau in diesem Moment bekommt er das Kommando „SITZ", wonach er wieder gelobt wird.

Sitzt Klein-Ringo, nehmen Sie erneut einen Leckerbissen zwischen Daumen und Zeigefinger und führen ihn mit flacher Hand vor Ringos Nase auf den Boden. Er wird Ihrer Hand bzw. dem Leckerbissen erneut folgen und sich hinlegen. Wiederum genau in dem Moment, in dem er sich legt, bekommt er das Kommando „PLATZ" und wird dafür ruhig und zärtlich gelobt. Nicht zu stürmisch, sonst denkt der Hund, die Übung ist beendet, und steht sofort wieder auf. Streicheln Sie den Rücken Ihres Hundes und sagen leise: „So ist braaaav!". Nach einigen Sekunden (der Hund soll ruhig etwas länger liegen bleiben) bekommt Ihr Kommando zum Aufstehen, vielleicht ein aufmunterndes „Steh auf!", „Okay!" o. Ä.

Wenn Sie bereits im Welpenalter diese und andere Kommandos Ihrer Wahl üben, wird Ihnen die spätere Ausbildung mit Ihrem Hund nicht mehr allzu schwer fallen. Jedoch überfordern Sie Ihren jungen Hund nicht!


### Stubenreinheit

Überlegen Sie sich genau, ob und wo Ihr Hund sein Geschäft im Garten verrichten soll und darf. Bei meiner ersten Hündin habe ich – aus heutiger Sicht – aus „falschem Ehrgeiz" den Fehler gemacht, dass sie ausschließlich auf außerhalb gelegenen Wiesen ihr Geschäft verrichten sollte. Das heutige Resultat ist, dass ich selbst mit fast 40 °C Fieber oder nachts, wenn meine Hündin einmal Durchfall hat, zur nächsten Wiese gehen muss, da sie lieber „platzen" würde, als sich im Garten zu lösen. Es findet sich bestimmt in jedem Garten eine Ecke, wo es niemanden stört, wenn ein Hund sich löst!

Viele Ersthundebesitzer machen den Fehler, dass sie sich endlos im Garten aufhalten vor lauter Angst, der junge Hund könne die Wohnung verunreinigen. Der Junghund wird ewig im Garten spielen, alles Neue erkunden, Stöckchen nagen, Löcher buddeln usw.

und den Garten als sein Revier ansehen. Kaum ins Haus zurückgekehrt, wird er sich evtl. auf dem guten Perserteppich lösen, um dann anschließend zu schlafen.

Besser ist es umgekehrt. Halten Sie sich viel mit Ihrem Hund im Haus auf und beobachten Sie ihn. Er soll das Haus als sein neues Revier kennen lernen und akzeptieren. Kein erwachsener Hund wird sein eigenes Terrain gerne verschmutzen. Bieten Sie jedoch ihrem Hund nach jedem Schläfchen, nach jeder Mahlzeit und nach jedem Spiel sofort im Garten oder auf einer nahe gelegenen Wiese die Möglichkeit, sich zu lösen. Sie können sogar erreichen, dass sich Ihr ausgewachsener Hund später „auf Kommando" löst. Sagen Sie z. B.: „Ringo, geh' Wiese!", „Ringo, mach' schnell!" o. Ä. Löst sich dann Ihr Hund, loben Sie ihn nicht währenddessen (er könnte sein Geschäftchen abbrechen), sondern warten Sie, bis er fertig ist und loben ihn anschließend. Schnell wird er lernen, dass er sich draußen lösen soll.

Wenn Sie Ihren Hund jedoch einmal im Haus auf frischer Tat ertappen, müssen Sie schnell reagieren. Sagen Sie im ruhigen Ton: „Nein!", nehmen Ihren kleinen Kerl auf den Arm und tragen ihn in den Garten oder auf die nächste Wiese zum vorgesehenen Löseplatz und fordern ihn auf, sein Geschäft dort zu erledigen. Wenn er sich dann dort ordnungsgemäß löst, wird er wiederum gelobt und ins Haus gebracht.

Ist jedoch bereits etwas daneben gegangen, ohne dass Sie es bemerkt haben, nützt Schimpfen oder Bestrafung überhaupt nichts! Der Hund kann die Strafe nicht mehr mit dem Missgeschick verknüpfen. Das Timing der Strafe wäre völlig falsch. In diesem Falle kann man das Malheur nur zähneknirschend beseitigen. Übertünchen bzw. entfernen Sie etwaige Gerüche auf verunreinigten Textilien z. B. mit Essigwasser oder Oranexlösung. Eine Stelle, die bereits nach den Hinterlassenschaften des Hundes riecht, wird nämlich immer wieder gerne als Lösestelle benutzt.

Wenn Sie Ihren Hund in der Anfangszeit allein lassen möchten oder müssen, grenzen Sie seinen Freiraum ein, indem Sie sämtliche Türen zu Räumen schließen, die für ihn nicht zugänglich sein sollen. Je länger Ihr Hund im Laufe der Zeit durchhält, umso größer kann sein zur Verfügung stehender Raum werden. Nachts ist es in der Anfangszeit ratsam, bei seinem Hund zu schlafen oder

Dieser Pumi kommt freudig, wenn er gerufen wird.

ihn mit ins Schlafzimmer zu nehmen, damit man merkt, wenn er unruhig wird oder sich meldet.

Es ist jedem selbst überlassen, wo der Hund dauerhaft sein Nachtlager haben soll, jedoch bin ich der Meinung, dass ein Hund auf dem Boden (!) im Schlafzimmer am besten aufgehoben ist. Da man in der Regel im Schlafbereich ohne Straßenschuhe herumläuft und sich keine Besucher dort aufhalten – also dort keine Fremdgerüche herrschen – befindet sich in diesem Bereich der ausschließliche Geruch des Rudels. Der Hund spürt Sie förmlich auch im Schlaf und bekommt in der Regel eine viel engere Bindung. Außerdem kann ein Hund mal kränkeln und man bekommt des Nachts nichts davon mit, wenn er außerhalb akustischer Reichweite schläft.

Manch einer schwört darauf, seinen jungen Hund im Schlafzimmer am Bettpfosten anzuleinen, damit er sich meldet, wenn er nach draußen muss. Eine andere Möglichkeit für die Nacht ist die Unterbringung in einem so genannten „Zimmerkennel" – eine Art „Laufstall für Hunde". Solch ein Zimmerkennel ist insbesondere für eine Familie mit Kleinkindern oft recht nützlich, da der Hund darin nicht nur „aufgeräumt", sondern auch sicher vor Belästigungen durch die eigenen Kinder ist. Es führen viele Wege zum Erfolg – Hauptsache ist, dass Sie für sich selbst den richtigen Weg aussuchen.

Selbst wenn Ihr Hund bereits einigermaßen zuverlässig stubenrein ist, bringen Sie ihn, insbesondere kurz bevor Sie Besuch erwarten oder bevor ein anderes Familienmitglied nach Hause kommt, nach draußen. Einige Hunde „vergessen" sich häufig noch vor lauter Begrüßungsfreude, wenn jemand kommt, selbst wenn sie eigentlich schon stubenrein sind.

### Das Zauberwort: der Name

Für mich ist es bis heute erstaunlich, warum und wie schnell ein Hund seinen Namen (kennen) lernt, da mit einem Namen der Hund ja normalerweise kein positives Schlüsselerlebnis verknüpft. Für seinen Namen allein bekommt der Hund ja in der Regel weder ein Lob noch einen Tadel. Ein nur vom Mensch gesprochener Name löst beim Hund ja noch keine Reaktion aus.

Gewöhnen Sie in den ersten Tagen Ihren Vierbeiner erst einmal liebevoll mit freundlicher Stimme an seinen Namen, der für jeden Hund eine Art „Zauberwort" darstellen sollte. Den Züchtern gelingt es in der Regel nicht, jeden einzelnen Welpen an seinen eigenen Namen zu gewöhnten, da dies einerseits bei einem größeren Wurf kaum möglich ist und andererseits die Namen bis zur endgültigen Abgabe häufig noch gar nicht feststehen.

Wenn Sie sich einen erwachsenen Hund angeschafft haben, bleiben Sie, wenn möglich, bei dem bereits gewohnten Namen oder wählen Sie einen phonetisch ähnlichen (z. B. Timo → Dino, Ava → Dava usw.). Falls Sie Ihren Hund „komplett" umbenennen wollen, gehen Sie schrittweise vor, indem Sie anfänglich den bereits bekannten Namen mit dem neu gewählten kombinieren. Machen Sie z. B. aus „Belli" ein paar Wochen lang eine „Belli-Branka" und lassen dann allmählich „Belli" weg, bis der Hund schließlich „Branka" heißt.

Wählen Sie vorzugsweise zweisilbige Namen mit mindestens einem hellen Vokal, wie z. B. Bobby, Lisa, Nina, Kimba o. Ä. Vermeiden Sie sehr lange und harte Namen wie z. B. Dvrojac, Zacharias oder Valentino. Diese Namen rufen sich schlecht und man neigt dazu, sie im Alltag ständig abzuändern oder zu kürzen, was den Hund nur unnütz verwirren könnte.

Missbrauchen Sie nie den Namen Ihres Hundes, um ihn prophylaktisch von einer geplanten und von Ihnen nicht gewünschten Tat abzuhalten. Ist Ringo z. B. im Begriff das Kabel Ihres Telefons anzuknabbern, schreien Sie auf gar keinen Fall nur seinen Namen, sondern sagen Sie ihm einfach kurz und knapp Ihr gewähltes Kommando (z. B. „NEIN"). Der Hund würde ansonsten nur etwas Negatives mit seinem Namen – seinem Zauberwort – verbinden und ihn langfristig nicht mehr gerne hören wollen. Und das sollten Sie tunlichst vermeiden.

Erwähnen Sie den Namen Ihres Hundes häufig in allen erdenklichen Situationen. Liegt er entspannt auf Ihren Füßen, sitzt er einfach mal so neben Ihnen, liegt er auf seiner Decke, schaut er Sie liebevoll an, sagen Sie beispielsweise: „Du bist aber ein feiner Ringo!", „Du bist ja mein bester Ringo!" oder „Ringo ist ein toller Hund!" Sie werden sehen, Ringo findet sich schnell einfach ganz toll und somit **seinen Namen** auch!

## Lob

Ein ganz großes Lob für den Hund bedeutet es, wenn Sie liebevoll, freudig und zärtlich seinen Namen erwähnen und ihn dabei abliebeln. Krabbeln Sie ihm hierbei rechts und links unterhalb der Ohren im Halsbereich, streicheln Sie ihm das Gesicht, klopfen Sie ihm auf die Brust, kraulen Sie ihm den Nacken oder tätscheln Sie ihm seine Seite. Tätscheln Sie Ihrem Hund **nicht auf** dem Kopf herum, das ist absolut nicht hundlich.

Wenn Sie und Ihr Vierbeiner sich irgendwann besser kennen, genügt auch Ihre zärtliche Stimme und ein liebevoller Blick. Irgendwann – der Weg dahin dauert ein bisschen – genügt Ihr liebender, lobender Blick, um dem Hund zu zeigen: Gut gemacht, ich mag dich! Ein Zuviel und ein schlechtes Timing kann schaden. Achten Sie beim Loben stets darauf, dass Sie Ihren Vierbeiner im rechten Moment und zum rechten Zeitpunkt loben. Überloben Sie ihn nicht und warten Sie stets ab, dass Ihr Hund Ihr Lob auch umsetzen kann.

Sie sagen z. B.: „SITZ" und Ringo sitzt sofort. Atmen Sie durch und zählen Sie bis zwei. Geben Sie sich und Ihrem Hund die Zeit umzusetzen, was passiert ist. Legen Sie zwischen Ihr Kommando, der Umsetzung des Hundes und von dem, was er getan hat, und dem, was Sie jetzt von Ihm verlangen, eine zeitliche Pause! Loben Sie nicht zu früh und zu überschwänglich (z. B. während er sich noch setzt). Wenn Ringo nach Ihrem Kommando sitzt, fallen Sie nicht über ihn her und knuddeln Sie ihn nicht, als sei sein Geburtstag. Es ist kein „Über-Kunststück", wenn Ringo sitzt. Ein ruhiger Blick, ein zartes Wort „Gut so", „Fein" oder ein Streichler über den Kopf genügt, um Ringo zu zeigen bzw. spüren zu lassen, dass er toll ist. Ein zu frühes und überschwängliches Lob verdirbt oftmals den Lernerfolg des Hundes.

Machen wir uns nichts vor: Liebe geht durch den Magen (zumindest sind meine Hunde sehr korrupt). Noch wirkungsvoller als Lob durch Streicheln oder Stimme ist die leibliche Zuwendung, d. h., Leckerli sind stets willkommen. Die im Fachhandel erhältlichen sind sehr gut. Noch besser jedoch ist auch einmal ein Würfelchen Käse, ein Stückchen Schwarzbrot mit Kalbsleberwurst bestrichen, ein getrockneter „Stinkefisch", gebratene Leber in Stücke geschnitten usw. Doch Vorsicht: Überschütten Sie Ihren vierbeinigen Kamerad nicht mit leiblichem Lob! Der Hund soll schließlich etwas für Sie tun und nicht nur für seinen Magen! Er sollte nie wissen, ob er einen Leckerbissen bekommt oder nicht, deshalb geben Sie Ihrem Vierbeiner diese nur regelmäßig **unregelmäßig**! Hinzu kommt, dass Sie Ihren Hund durch zu viele Leckerbissen mehr in Fress- als in Übungs- oder Arbeitsstimmung bringen. Der Hund soll schließlich mehr in die Stimmung „Will to Please" (Wunsch zum Gefallen) als in den „Will to Feed" (Wunsch zum Fressen) geraten.

Bei meinen Hunden nehme ich manchmal eine Tüte voll Käsewürfel, die ich liebevoll in ihrer Anwesenheit zubereite, mit auf den Spaziergang, zeige sie ihnen demonstrativ zu Beginn unserer Tour, doch sie bekommen während des ganzen Spaziergangs kein einziges Stückchen. Ein paar Tage später kann es passieren, dass die Hunde überhaupt nicht mitbekommen, dass ich etwas Gutes

Dieser Blick sagt alles!

dabei habe, und sind völlig verdutzt, wenn sie für ihr Kommen, wenn ich sie gerufen habe – völlig unerwartet – eine Belohnung in Form von Leckerli bekommen.

## Tadel

Zum Thema Tadel möchte und kann ich an dieser Stelle nicht allzu viel schreiben, da der aufmerksame Leser sicherlich bemerkt hat, dass durch Vorausschauen und Vorbeugen viele unerwünschte Verhaltensweisen beim Hund vermieden werden können und somit Tadel nicht häufig notwendig ist. Dennoch kommt es im Alltag immer wieder vor, dass es „menschelt" und „hundelt", so dass man gezwungen ist, seinen Vierbeiner auch ab und zu in die Schranken zu weisen. Vorab möchte ich jedoch bemerken, dass Schläge jeglicher Art – mit und ohne Gegenstand – für einen Hund absolut keine Strafmethoden sein dürften und sollten!

Kein Hund würde z. B. einen Artgenossen schlagen, wenn sich sein Gegenüber einmal „daneben benimmt". Er würde ihn vielmehr durch einen Nackenbiss, durch ein Wegschnappen (insbesondere bei einer Hündin), durch sexuelles Aufreiten (Dominanzgeste!) u. Ä. in seine Schranken weisen. Außer Angst vor gewissen Gegenständen (Stock, Schirm, Zeitung etc.) oder – noch viel schlimmer – Angst vor der Hand des (eigenen) Menschen, erreicht man beim Hund durch solche Methoden nur Ängstlichkeit oder gar Aggressivität – und zwar insbesondere dem eigenen Menschen gegenüber.

Generell muss Strafe unmittelbar nach oder besser noch während des unerwünschten Verhaltens beim Hund erfolgen, da er sonst die Strafe nicht mehr mit seiner Handlung verknüpfen kann. Es nützt überhaupt nichts, dass man seinen Hund ausschimpft, wenn er nach zehnmaligem Rufen endlich kommt. Er fühlt sich für das Kommen und nicht für das über einen längeren Zeitraum Nicht-Kommen gestraft. Hat Ihr Hund sich z. B. an einem Mauseloch verbuddelt und missachtet Ihr Rufen, gehen Sie lieber zu ihm hin, ziehen ihn rechts und links unterhalb der Behänge am Halsfell zu sich her und sagen Sie ihm in bösem, aber ruhigem Ton „NEIN". Schauen Sie ihm dabei tief (Dominanzblick) in die Augen und lassen Sie ihn vor sich auf Kommando hinsetzen. Sofort danach wird er wieder für sein Sitzen gelobt. Oder klopfen Sie sich mit beiden Händen auf die Brust, laufen Sie rückwärts und rufen „HIER". Holen Sie Ihren Hund nach Hause – zu sich! Ein Hund ist nicht nachtragend. Er wird sofort verknüpfen: Nach Hause kommen ist toll!

Weiterhin zum Thema Strafe: Einem Hund tief und fest in die Augen zu schauen, bedeutet für ihn ein absolutes Dominanzverhalten und er wird ihrem Blick ausweichen. Bei Hunden untereinander weicht generell der rangniedrigere Hund dem Blick des ranghöheren aus. Wenn jedoch beide Hunde ihren Blicken gegenseitig nicht ausweichen, kommt es in der Regel zu kämpferischen Auseinandersetzungen, die sehr unschön enden können. Nutzen Sie daher generell bei Erziehungsmaßnahmen die Möglichkeit, Ihrem Hund durch Augenkontakt zu beweisen, dass Sie der Boss sind – in der Regel hat sich dann meistens eine „Strafe" erübrigt.

Erwischen Sie Ihren Hund z. B. dabei, dass er etwas im Fang hat, was er nicht haben sollte, und Ihr Vierbeiner gibt es auf Ihre Aufforderung hin nicht aus, öffnen Sie ihm den Fang mit einem forschen Dominanzgriff und nehmen Sie ihm seine Beute ab. Sollte er Sie dabei z. B. anknurren oder gar nach Ihnen schnappen, geben Sie ihm **sofort** einen Klaps mit Zeige- und Mittelfinger auf den Fang und sagen Sie mit böser Stimme synchron zur physischen Strafe „NEIN". Lässt er ab, wird er sofort gelobt. Sollte Ihr Hund einen extremen Beutetrieb haben und sich vehement gegen Ihre Versuche, ihm den Gegenstand abzugeben, wehren, können Sie ihn anschließend noch auf den Rücken legen und warten, bis er sich völlig unterwirft (eingezogene Rute).

Gehorcht Ihr Hund auf einem Spaziergang über längere Dauer hinweg nicht gut (kommt nicht, entfernt sich zu weit, buddelt ekstatisch etc.), helfen oftmals ein paar Unterordnungsübungen. Leinen Sie Ihren Hund an und laufen mit ihm FUSS. Bauen Sie viele Richtungswechsel ein und lassen Sie Ihren Kamerad ab und zu sitzen und auch PLATZ machen. Wenn Sie der Meinung sind, dass Ihr Hund wieder in Ihrem Kommando steht, lassen Sie ihn wieder frei laufen, aber sorgen Sie dafür, dass er sich nicht zu weit von Ihnen entfernt, um rechtzeitig wieder eingreifen zu können, wenn er wieder nur tut und lässt, was er will.

Jule muss sogar ihren Lieblingsball aus geben. Hier wird mit einem „Dominanzgriff"
nachgeholfen.

Nähe tut – wie man deutlich sieht – beiden gut! Eine schöne Bindung.

Springt Ihr Hund ständig an Ihnen hoch, können Sie natürlich mit ihm „Endlosdiskussionen" führen, indem Sie ihn herunterschubsen und ständig „NEIN" oder Ähnliches zu ihm sagen. Es kann passieren, dass der Hund dies sogar als tolles Spielchen ansieht, weil er ja bekommt, was er will: ihre Aufmerksamkeit. Versuchen Sie einfach einmal still stehen zu bleiben, verschränken Sie Ihre Hände vor der Brust und starren ihn einfach nur an. Sie ignorieren die Unart Ihres Hundes und zeigen Ihm gleichzeitig durch Ihren Dominanzblick, dass Sie der Boss sind! Sie werden sehen, dass diese Methode viel stressfreier und nachhaltiger ist.

## Spiel

Spielen ist nicht nur Spiel, sondern stellt für Sie und Ihren Hund einen sehr wichtigen Lernprozess dar. Sie lernen gemeinsam mit und von Ihrem Hund und er durch Sie Ihre Spielregeln kennen. Spielen macht Spaß, Sie lernen sich gegenseitig besser kennen und festigen die notwendige Bindung und das Vertrauen. Beides ist für die Erziehung Ihres Hundes äußerst wichtig.

Spielen Sie viel mit Ihrem kleinen und auch Ihrem erwachsenen Vierbeiner und fordern ihn oftmals von sich aus hierzu auf, wenn er nicht gerade seine Ruhe braucht. Versuchen Sie so viel wie möglich ohne Gegenstände mit Ihrem Hund zu spielen. Haben Sie schon einmal zwei Hunde untereinander spielen sehen, die mit Gegenständen miteinander spielen (von wenigen Ausnahmen wie an einem Stöckchen zerren, Beute stehlen etc. abgesehen)? Sie benutzen in der Regel ausschließlich ihren Körper, d. h. den Fang und ihre Pfoten. Und noch etwas ist wichtig: Hunde spielen auf einer Höhe miteinander, also auf dem Boden. Begeben auch Sie sich viel auf die Ebene Ihres Hundes, eben auf den Boden.

Gehen Sie nicht ausschließlich nur auf das Spielen ein, wenn Ihr Hund dies möchte (der Hund erzieht sonst Sie!). Unter Hunden bestimmt jeweils der ranghöhere Hund, wann, wo und wie lange gespielt wird!

Eine Spielaufforderung Ihrerseits kann z. B. so aussehen, dass Sie zunächst – wenn Ihr Hund gerade wach ist – Ihren Vierbeiner beim Namen rufen, sich zu ihm auf den Boden begeben und anschließend ausgiebig spielen und ihn gewinnen und verlieren lassen und was sehr wichtig ist – ihn tüchtig abliebeln. Anschließend beenden **Sie** wieder das Spiel.

Bei einem normal veranlagten Hund macht es durchaus nichts aus, wenn Sie hin und wieder auf ein Spiel eingehen, wenn er es einklagt. Haben Sie jedoch einen mehr oder weniger dominanten Hund, dann ist es besser, wenn Sie stets das Spiel einleiten und auch Ihrerseits beenden. Sie als Mensch sind der Rudelführer, stehen im Rang höher und sollten bestimmen, wann was gemacht wird (z. B. auch Bürsten, Gebiss und Ohren kontrollieren, Zecken entfernen etc.) und nicht umgekehrt. Benutzen Sie im Spiel und bei der Pflege insbesondere Ihres jungen Hundes häufig in liebevollem Ton seinen Namen. Er wird es genießen und sich bei Ihnen sicher und geborgen fühlen. All diese Kleinigkeiten fördern ungemein die Bindung zwischen Ihnen und Ihrem Vierbeiner.

Auch wenn es sehr schwer fällt, den Spielaufforderungen eines kleinen Welpen zu widerstehen, ignorieren Sie diese Aufforderungen bei einem sehr dominanten Hund lieber, wenn er Sie durch Anstupsen, Pföteln o. Ä. zum Spiel auffordert. Er erzieht sonst spielerisch Sie dazu, wann was gemacht wird und nicht umgekehrt. Das gleiche gilt, wenn der Hund mitten im Spiel ist und zu wüst wird. Geben Sie ihm drastisch zu verstehen, dass es Ihnen jetzt reicht oder aber gar weh tut (siehe Beißhemmung).

Spielen Sie bewusst mit Ihrem Vierbeiner und nutzen Sie so seine natürlichen Veranlagungen wie Neugierde, Erkunden, Nachahmen sowie Apportieren aus. Das entspricht dem Naturell des Hundes, denn all diese Verhaltensweisen legt er naturgemäß an den Tag. Ersetzen Sie ihm seine eventuell nicht mehr vorhandenen Wurfgeschwister oder Rudelmitglieder. Sie sind jetzt das neue Rudel! Verstecken Sie sich z. B. regelmäßig in Ihrem Haus – und sei es in der Duschkabine – und lassen Sie sich suchen und finden! Ziehen Sie in Ihrer eigenen Umgebung einmal (je nach Bodenbelag nicht unbedingt auf Ihrem echten Perserteppich) eine Lebensmittelschleppe. Dazu können Sie z. B. ein Käse- oder Wurststück über dem Boden herziehen und dabei verschiedene Zimmer benutzen. Sie werden erstaunt sein, was für eine gute Nase Ihr Hund hat! Am Ende der Schleppe steht für den Hund natürlich wieder der Erfolg: das Käse- oder Wurststück. Lassen Sie sich etwas einfallen: Spiel ist eine wundervolle und sinnvolle Beschäftigung für den Hund und beinhaltet immer wieder Lernen und Erfolg!

An dieser Stelle möchte ich an all diejenigen appellieren, die einen mehr oder weniger ausgewachsenen oder erwachsenen Hund besitzen. Vergessen Sie auch bei einem älteren Hund nicht das regelmäßige Spielen, nur weil er eventuell nicht mehr so niedlich ist und von sich aus nicht mehr so viel Spiel einklagt. Im Spiel spürt der Hund Ihre Zuneigung, genießt, dass Sie sich mit ihm beschäftigen, fühlt sich wichtig und Ihre gegenseitige Bindung bleibt gefestigt – egal wie **jung** oder **alt** der Hund ist.

### Kontaktliegen

Spielen zwischen Mensch und Hund bedeutet für beide Seiten absolute Nähe. Man muss nicht unbedingt toben, um seinem Hund nahe zu sein, sondern man kann auch zwischen sich und seinem Hund eine wohlige Ruhe herstellen, indem man mit ihm einfach schmust oder z. B. mit ihm „Kontakt" liegt. Je nach Größe Ihres Hundes nehmen Sie ihn entweder regelmäßig auf den Schoß oder legen Sie sich ganz eng zu ihm auf den Boden. Bei einem Mittagsschlaf z. B. können Sie ihren Hund auch mal auf Ihren Bauch legen.

Kontaktliegen kann ein Hund von Geburt an – das muss er nicht lernen! Er liegt mit seiner Mutter und/oder seinen Wurfgeschwistern bereits regelmäßig Kontakt. Kontaktliegen fördert das Gemeinschaftsgefühl des „Rudels", es gibt Schutz, Geborgenheit, Wärme und Vertrauen und fördert die Bindung!

### Beißhemmung

Die Beißhemmung ist einem Hund zwar angeboren, jedoch bezieht sich seine angeborene Beißhemmung ausschließlich auf den Umgang mit Artgenossen, die über ein anderes Schmerzempfinden verfügen als wir Menschen und dazu auch noch Fell besitzen, was sie vor Verletzungen z. B. durch Bisse schützt. Den Umgang mit der Beißhemmung uns Menschen gegenüber muss ein junger Hund hingegen erst lernen. Dies erfolgt am besten durch intensives Spielen.

„Kontaktliegen" festigt die Bindung zwischen Mensch und Hund!

Lassen Sie sich ausgiebig auf ein Spiel mit Ihrem Hund ein und passen Sie das Spiel Ihren sowie den physischen Fähigkeiten Ihres Hundes an. Ein kleines Kind ist wohl nicht imstande, so „wüst" mit einem jungen Hund zu spielen, wie es z. B. ein ausgewachsener junger Mann kann.

Der Hund wird geknuddelt, gestreichelt, darf auf den Schoß klettern, darf (wer es aushält) das Gesicht ablecken, in die Haare und in die Hände knabbern und es wird auch mal kräftig gerauft. Sobald es für Sie als Mensch zu wüst wird, schimpfen Sie bitte nicht mit Ihm wie mit einem Menschen (z. B. „Ringo, NEIIIN", „Ringo, AUUUS" oder dergleichen). Er verbindet sonst nur etwas Negatives mit seinem Namen. Sagen Sie lieber z. B. „Sanft", „Lieb" o. Ä. und geben Ihrem Hund durch Ihre Mimik zu verstehen, dass Ihnen das Spiel zu grob ist. Benimmt er sich sanfter oder lieber, wird er gelobt.

Oder versuchen Sie einmal, sich wie ein Wurfgeschwisterchen oder ein anderer erwachsener Hund zu verhalten, auch wenn es für Sie vielleicht lächerlich klingt. Wenn Ihr Hund zu wüst in ihre

Hand beißt, quieken Sie einfach einmal mit ganz heller Stimme, denn das tun Hunde im Spiel ebenso. Sie werden sehen, der kleine Vierbeiner wird sofort seine mit den Wurfgeschwistern erprobte Beißhemmung einsetzen, loslassen und Sie mit großen Augen anschauen. Die Wurfgeschwister hatten alle das schützende Fell und jetzt muss das kleine Kerlchen schließlich umlernen, dass wir Menschen keines besitzen. Auch wenn ein Hund von Natur aus über eine Beißhemmung verfügt, so können insbesondere die spitzen Milchzähne äußerst weh tun.

Sollte Ihr Hund dennoch nicht ablassen, fassen Sie ihn im Nackenfell und schubsen Sie ihn beiseite, wie eine Mutterhündin dies tut. Schütteln Sie ihn nicht durch, wie es von vielen geraten wird (in der Natur schütteln z. B. Wölfe ihre Beute zu Tode!). Sparen Sie sich das Schütteln für ganz, ganz schlimme Untaten auf! Spätestens nachdem Sie ihm im Nackenfell gepackt und weggeschubst haben, wird er mit seinem Verhalten aufhören. Unmittelbar nach dieser Handlung sollte Ihr freundliches Lob erfolgen: „So ist's brav, Ringo". Falls dies nichts genützt hat und Klein-Ringo „weiterkämpft", versuchen Sie einmal, ihm mit den Fingernägeln ins Ohr zu kneifen. Auch dies ist sehr hundlich – er wird kurz aufquieken und von Ihnen ablassen. So wird Ihr Hund schnell begreifen, worum es geht und die von Ihnen gesetzten Spielregeln akzeptieren, ja sogar toll finden.

Damit der Hund zu Ihnen Vertrauen aufbaut und um ihm zu demonstrieren, dass man über ihm steht, empfiehlt es sich, ihn regelmäßig im Spiel auch einmal in die Rückenlage zu bringen. Auch dies tut ein älterer Hund mit einem jüngeren. Ein normal veranlagter Hund wird sich vor Ihnen in der Rückenlage wohl fühlen oder sich alsbald unterwerfen und Ihnen zeigen, dass er den nötigen Respekt vor Ihnen hat. Übrigens kann man anhand der Rückenlage sehr gut erkennen, wie dominant ein Hund ist. Je länger er z. B. nach einer Untat unbeeindruckt in der Rückenlage verweilt, desto dominanter ist er. Die totale Unterwerfung symbolisiert ein Hund, indem er die Rute bis zum Bauchnabel einklemmt. Spätestens dann sollten Sie aufhören, ihn in der Rückenlage zu halten, denn mehr als unterwerfen kann er sich schließlich nicht.

Ein wichtiges Thema möchte ich an dieser Stelle kurz erwähnen. Vielen Zwei- und Vierbeinern machen so genannte „Zerrspie-

le" ungemeinen Spaß. Viele Hunde (nicht nur Welpen und Junghunde!) nehmen gerne einen Gegenstand auf (Beißwurst, Stofftier, Textilien o. Ä.) und klagen mit diesem Gegenstand beim Menschen ein Spiel ein. Es macht beiden Seiten viel Spaß, an diesem
Gegenstand herumzuzerren. Mir scheint dabei immer, dass nicht
nur der Hund, sondern komischerweise auch der Mensch Beutetrieb entwickelt.

Abgesehen davon, dass ein Junghund sich bei solchen Zerrspie-
len die Milchzähne herausreißen kann, kann sogar bei vielen Hunden durch diese Zerrerei ein eventuell vorhandener und unerwünschter Kampftrieb insbesondere Menschen gegenüber ge-
weckt und/oder gefördert werden. Überlegen Sie sich wirklich,
ob das für Sie und/oder Ihren Hund sinnvoll ist. Gegen Spielen
jeglicher Art ohne Gegenstände (!) ist dagegen generell nichts ein-
zuwenden.


## Pflege

Auch bei der regelmäßigen Pflege des Hundes spielt die Erziehung eine große Rolle. Manch ein junger Hund mag es anfänglich
überhaupt nicht, wenn er gebürstet werden soll. Er sträubt sich
eventuell immens gegen die Bürste, indem er versucht hinein-
zubeißen, wirft sich auf den Rücken, damit Sie ihn dort nicht
kämmen können, oder flüchtet sogar. Egal, was ihr kleiner Vierbeiner unternimmt, um an der Pflege vorbeizukommen – lassen
Sie es nicht zu. Und sei es, dass Sie nur noch einen Bürstenstrich
unternehmen: Sie beenden die Übung – nicht Ihr Hund. Geben
Sie z. B. auf, nur weil Klein-Ringo versucht, in die Bürste zu beißen, wird Ringo schnell der Meinung sein, dass er bestimmt, was
wann gemacht wird.

Das Gleiche gilt übrigens auch für die regelmäßige Kontrolle
des Gebisses, der Ohren, das Entfernen von Parasiten (insbesondere Zecken) usw. Üben Sie auch schon beim jungen Hund das
Duschen, Baden oder Abspritzen, selbst wenn der Hund gar nicht
schmutzig ist. Viele Besitzer versäumen dies, insbesondere, wenn
sie ihren Hund in der schönen Jahreszeit bekommen, und staunen
dann, wenn ein paar Wochen später wetterbedingt ihr kleiner
Vierbeiner das Doppelte wiegt und sich beim Saubermachen nicht

mehr bändigen lässt. Messen Sie z. B. auch beim gesunden Junghund ab und zu einmal anal die Körpertemperatur und nicht erst
beim ausgewachsenen kranken Hund.

Jede Beschäftigung mit Ihrem Vierbeiner fördert die Bindung,
das Vertrauen und stellt eine Form der Erziehung dar. Was Ringo-
lein nicht lernt, lernt Ringo erschwert oder gar nicht!

## Halsband und Leine

Das Halsband und die Leine stellen für Hund und Mensch ein
Leben lang eine wichtige Verbindung im Freien dar. Aus diesem
Grund ist es nicht möglich, darauf gänzlich zu verzichten. Auch
wenn Sie noch so ländlich wohnen und Ihr Hund sich direkt von
der Haustür aus in freier Natur bewegen kann, bedenken Sie jedoch, dass Sie Ihren Hund auch einmal irgendwohin mitnehmen
möchten oder müssen, wo er nicht frei herumlaufen kann (Tierarzt, Urlaub, Besuche etc.).

Für die gezielte Erziehung Ihres Hundes sind ein Halsband und
eine Leine gar ein Muss, da Ihr Hund die Grunderziehung zunächst an der Leine lernt. Durch die Verbindung der Leine zu
Ihrem Hund haben Sie stets die Möglichkeit auf ihn einzuwirken
und das zu erreichen, was sie von ihm erwarten. Nur ein Hund,
der in Ihrer Nähe, d. h., zunächst an der Leine „funktioniert",
kann später auch das für Sie tun, was Sie auf Entfernung von
ihm verlangen. Die Leine stellt also in den Anfängen ein „sicht-
bares Band" zwischen Hund und Mensch dar und sollte später nur
noch selten, wenn notwendig, und gezielt benutzt werden. Zwischen einem gereiften und später korrekt ausgebildeten Hund und
seinem Menschen sollte irgendwann ein „unsichtbares Band" bestehen!

Falls Ihr kleiner Vierbeiner noch nicht an ein Halsband gewöhnt sein sollte, fangen Sie sofort zu Hause mit der Gewöhnung
an. Sparen Sie nicht unbedingt bei der Anschaffung eines guten
Halsbandes, nur weil Ihr kleiner Hund ja noch wächst. Es sollte
auf gar keinen Fall zu groß sein, damit er nicht an der Leine aus
dem Halsband herausschlüpfen kann. Zu eng sollte es ebenso
nicht sein. Zwischen Halsband und Hals des Hundes sollten Sie
bequem mit vier Fingern hineinfassen können.

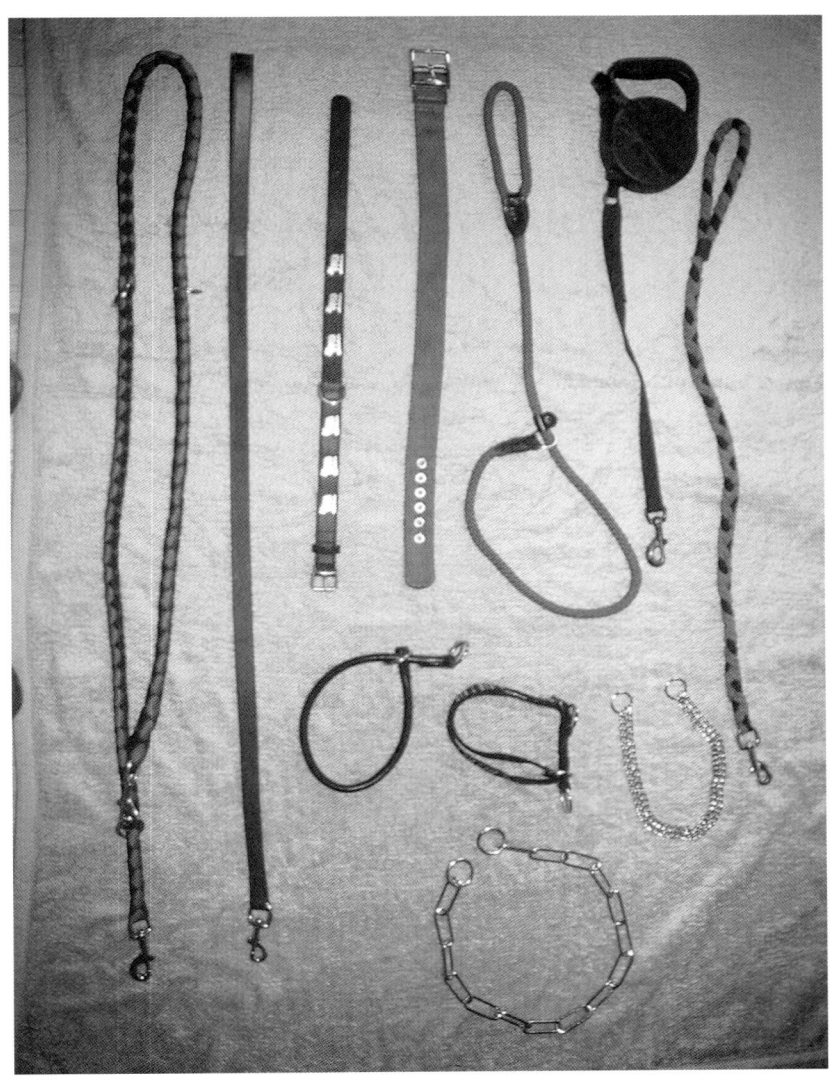

Hier eine Auswahl an Leinen und Halsbändern.

Was für ein Halsband Sie sich für Ihren Hund anschaffen, ist
ganz allein Ihre Entscheidung. Es gibt die verschiedensten Model-
le in allen möglichen Variationen: so z. B. Halsungen aus Nylon
mit Klippverschluss, die sehr einfach in der Handhabung und in

der Pflege sind, oder teure Lederhalsungen mit edlen Schließen, die in der Regel insbesondere beim zappelnden Junghund mühsam anzulegen und aufwändiger in der Pflege sind. Es gibt außerdem diverse Kettenhalsbänder mit verschiedenen Gliedergrößen aus Metall. Insbesondere grobgliedrige Kettenhalsbänder sind sicherlich für einen kräftigen, großen Hund angebracht, jedoch lassen sie oftmals besonders bei langhaarigen Hunden das Fell im Halsbereich brechen oder hinterlassen bei helleren Hunden hässliche Verfärbungen der Haare durch Oxidation. Dann sind da noch die so genannten Würger mit Stopp und die Endloswürger.

Bei dem Wort „Endloswürger" mag manch einer denken, dass es sich um eine äußerst brutale Halsung handelt, was jedoch nicht der Fall ist. Durch die stark verknorpelte Speiseröhre eines Hundes wird dieser vielleicht beim Anziehen keuchen, aber seien Sie beruhigt: Der Hund wird sich nicht erwürgen, sondern bei richtiger Anwendung dieser Halsung schnell lernen, dass Ziehen unangenehm und Nicht-Ziehen angenehm ist. Wenn man seinen Hund an einem (Endlos-)Würgehalsband führt, ist peinlichst darauf zu achten, dass es richtig angelegt wird und der Hund auf der richtigen Seite, also links, läuft. Die Halsung muss so angelegt sein, dass sie sich sofort lockert, sobald der Hund nicht mehr nach vorne zieht. Wenn eine solche Halsung falsch herum angelegt ist oder der Hund auf der falschen Seite läuft, verfehlt sie völlig ihre Wirkung, d. h., die Halsung zieht sich beim Ziehen des Hundes zu und löst sich nicht wieder, wenn der Hund nicht mehr zieht. So empfindet der Hund, dass das Nicht-Ziehen ebenso unangenehm ist und wird weiterhin stark ziehen. Ferner sollte man seinen Hund an einem Endloswürger unter gar keinen Umständen irgendwo anbinden! Die Verwendung eines Endloswürgers an der Flexi-Leine (s. u.) ist ebenfalls unsinnig, da der Hund an einer solchen Leine laufen kann, wo er will.

Weiterhin gibt es im Handel so genannte Brustgeschirre, die insbesondere für ganz kleine Hunde geeignet sein können, da sie mit einem normalen Halsband viel empfindlicher im Hals-, Nacken- und Schulterbereich auf einen Ruck des Führers reagieren. Die Hunde können sich sogar durch ständiges Ziehen oder Leinenrucke verletzen und langfristige Gelenkschäden erleiden. Ferner sind Geschirre für Hunde geeignet, die später als Schlitten-

44

oder Fährtenhunde eingesetzt werden sollen. Insbesondere Schlittenhunde müssen ja das Ziehen erlernen und starke Muskeln aufbauen.

Auf das Thema „Koralle", allgemein bekannt als Stachelhalsband, möchte ich in diesem Buch nicht eingehen, da ich davon weder Ahnung geschweige denn damit Erfahrung habe (abgesehen davon, dass eine Anwendung aus tierschutzrechtlicher Sicht nicht vertretbar ist). Es mag Hunde geben, die man nur an einer Koralle führen kann, jedoch bedeutet dies für mich ein Armutszeugnis für den Menschen und nicht für den Hund! Ziel dieses Buches soll sein, dass unsere Hunde uns „frei folgen" und ich bezweifle, dass ein Hund mit einem Stachelhalsband an der Leine geführt in der Lage ist, ohne technische Hilfe neben uns zu laufen.

Da es in der Tat sehr starrköpfige Hunde gibt, die extrem stark ziehen, gehe ich in Kapitel 4 lieber auf den gezielten Einsatz des „Haltis" ein.

Lassen Sie sich über eine geeignete Ausstattung durch andere erfahrene Hundebesitzer, Ihren Züchter oder den Fachhandel informieren und beraten. Generell bin ich der Meinung, dass anfänglich jeder Hund an einer ganz normalen Halsung geführt werden sollte, um sich einerseits daran zu gewöhnen und damit andererseits der Führer den Umgang mit der Leine erst einmal lernt.

Legen Sie Ihrem Hund vor angenehmen Dingen, z. B. vor dem Füttern, sein Halsband an. Er wird sich sehr schnell über das positive Erlebnis des Fressens an sein Halsband gewöhnen. Auch wenn er sich anfänglich oftmals am Hals kratzen wird, legen Sie es ihm regelmäßig an und lenken Sie ihn gegebenenfalls ab, indem Sie mit ihm spielen oder mit ihm in seinen geliebten Garten zum Lösen gehen. Er wird das anfänglich als lästig empfundene Halsband bald akzeptieren.

Beginnen Sie nach ein paar Tagen mit Ihrem jungen Hund kleine Erkundungstouren im Garten oder auf der nächsten Wiese mit der Leine. Anfänglich darf der junge Hund mit Ihnen spazieren gehen, wohin er will. Versuchen Sie, ihm zu folgen, und seien Sie bemüht, dass die Leine sich nicht strafft, sondern für den Hund kaum spürbar bleibt. Hierzu benötigen Sie zwar etwas Übung und Geschicklichkeit, aber es lohnt sich, da Ihr Hund einerseits die Leine nicht als störend empfindet und andererseits

Eine korrekt angelegte Moxon-Leine, auch Retriever-Strick genannt.

Die Labradorhündin Bonnie wird frühzeitig an ein Brustgeschirr gewöhnt, das später bei der Fährtenarbeit verwendet wird.

dadurch lernt, in Ihrer Nähe zu bleiben und sich wohl und sicher zu fühlen.

Wenn das An-der-Leine-Laufen einigermaßen funktioniert, fangen Sie behutsam damit an, dorthin zu gehen, wohin Sie möchten. Muntern Sie Ihren Hund verbal auf, Ihnen – wenn möglich – irgendwie auf der linken Seite zu folgen, oder locken Sie ihn mit einem Lieblingsspielzeug oder einem Leckerchen, das Sie vor seine Schnauze halten. Falls Ihr Vierbeiner extrem an der Leine zieht oder herumtobt, bleiben Sie ganz ruhig stehen, bis er sich wieder „eingekriegt" hat. Keine Antwort ist auch eine Antwort (s. o.: stillschweigende Kommunikation zwischen Hunden). Ignorieren Sie sein unmögliches Benehmen und sparen Sie sich strafende Worte und Gezerre an der Leine. Durch Ihre Ignoranz wird der Hund schnell lernen, dass sein Gezerre und Getobe an der Leine unangenehm und nicht richtig ist. Wahrscheinlich wird er sich sogar hinsetzen und sie fragend anschauen. Gehen Sie erneut weiter und loben ihn, sobald er einigermaßen gesittet neben Ihnen – möglichst links – einher läuft.

Es ist allgemein üblich, dass ein Hund auf der linken Seite geführt wird. Seit der Zeit, als die Menschen begannen, Hunde mit zur Jagd nehmen, und in der rechten Hand die Waffen trugen, hat sich eingebürgert, dass ein Hund an der linken Seite läuft. Auch wenn die wenigsten Hundeführer in der heutigen Zeit Jäger sind, so gibt es viele Rechtshänder unter uns, die dankbar sind, wenn sie ihren Hund links führen und die rechte Hand stets frei haben, um Türen zu öffnen, Menschen zu begrüßen, Gegenstände zu tragen usw. Ich vergleiche das Links-Führen des Hundes oft mit dem Autofahren. Wenn alle die gleiche Seite benutzen, kommt sich in der Regel auch niemand in die Quere und niemand „schwimmt gegen den Strom".

Zu dem Thema „Links-Führen" des Hundes möchte ich noch die beliebte „Flexi-Leine" erwähnen, die bei vielen Hundebesitzern – insbesondere von kleinen bis mittelgroßen Hunden – sehr beliebt ist. Die Flexi-Leinen haben einen Aufrollmechanismus, mit dem der Mensch per Knopfdruck bestimmen kann, wie weit sich die Leine abrollen soll, und somit bestimmt, wie weit sich der Hund maximal entfernen kann. Der Hund kann nicht weglaufen und hat dennoch seinen Bewegungs-Radius.

Ich persönlich halte von diesen Leinen nicht allzu viel, da ich die Meinung vertrete, dass ein Hund entweder frei herumlaufen kann oder aber im Kommando steht und in diesem Fall links „Bei Fuß" zu laufen hat – und zwar mit oder ohne Leine! Dadurch, dass der Hund an einer Flexi-Leine immer einen leichten Zug verspürt, um vorwärts zu kommen, lernt er förmlich das Ziehen. Nicht selten verwickelt sich der Hund mit Laternenpfählen, anderen Gegenständen oder gar Artgenossen. Er kann auch – trotz Leine – urplötzlich auf die Straße springen, weil diese Leinen ca. 6 bis 8 Meter Freilauf zulassen. Außerdem ist man rein physikalisch einem Leinenruck auf solch eine Entfernung selbst bei einem kleinen, leichteren Hund kaum gewachsen.

Die Flexi-Leine ist ein gutes Hilfsmittel für läufige Hündinnen in der „Standhitze", für verletzte oder kranke Hunde, die übergangsweise geschont werden müssen, bei sehr alten (evtl. tauben und/oder blinden) Hunden in fremder Umgebung, bei Wanderungen in Naturschutzgebieten oder aber auch bei Nacht. Ansonsten sehe ich keinen Sinn darin, solch eine Leine zu benutzen (auch

wenn manch ein Leser jetzt am liebsten dieses Buch wieder zu-
klappen möchte). Der regelmäßige Einsatz einer Flexi-Leine
spricht in der Regel dafür, dass der Mensch seinem Hund nicht
beigebracht hat, ihm – im wahrsten Sinne des Wortes – zu folgen,
und Angst davor hat, dass sein Hund wegläuft, was jedoch ein
Hund bei einer intakten Bindung und einer guten Erziehung nicht
tut. Kennen Sie Wildhunde, die Flexi-Leinen benutzen, damit das
Rudel zusammenbleibt? Ich nicht!

Es genügen beim Welpen oder jungen Hund täglich ein bis zwei
Minuten Übung an der Leine. Motivieren Sie Ihren kleinen Kamerad mit einem Leckerli vor der Schnauze, seinem Lieblingsspielzeug, einem Tennisball, ihrer Stimme, Geraschel mit einer Tüte in
Ihrer linken Jackentasche, einem Quietschtier o. Ä. Während Ihr
Hund toll auf Ihrer linken Kniehöhe läuft, wird er per Stimme
oder durch ein Leckerli gelobt oder er bekommt sein Lieblingsspielzeug, seinen Tennisball zum Tragen. Immer wenn Ihr Hund
einige Meter ordentlich gelaufen ist, beenden Sie Ihre Übung. Verlängern Sie allmählich die Zeiträume zwischen den Belohnungen.

Beenden Sie jedoch die Übung der „Leinenführigkeit" mit Ihrem Vierbeiner niemals frustriert in dem Moment, wenn er gerade
an der Leine herumzerrt, in die Leine oder in Ihren Jackenärmel
beißt. Dann hat Ihr Hund nämlich das erreicht, was er wollte – er
ist die noch lästige Leine wieder los und ist der Meinung, dass an
der Leine laufen heißt, sich daneben zu benehmen! Das wäre nur
wieder ein Beispiel dafür, dass der Hund Sie erzieht und nicht
umgekehrt!

Die Leine Ihres Hundes sollte für ihn nie als Spielzeug dienen,
denn sie stellt Ihren verlängerten Arm dar, d. h., unterbinden Sie
während der Übung insbesondere, dass der Hund in die Leine
(Ihren verlängerten Arm) hineinbeißt und beenden Sie Ihre Übungen, wie oben erwähnt, immer dann, wenn Ihr Hund es toll gemacht hat. Durch dieses In-die-Leine-Beißen untermauert der
Hund nämlich die Autorität seines Führers.

Noch etwas: Lassen Sie Ihren Hund viel mit Artgenossen frei
herumtollen, aber dulden Sie es von Anfang an nicht, dass er an
der Leine mit Artgenossen spielt. Die Hunde können sich unge-
schickt verheddern, was üble Folgen haben kann. Außerdem erschwert das Spielen an der Leine die spätere Arbeit mit dem Hund.

Der Hund sollte immer links vom Führer laufen.

## Alleinbleiben

Nichts kann das Zusammenleben zwischen Mensch und Hund so negativ beeinflussen wie die Tatsache, dass der Hund es nicht ertragen kann, allein zu Hause zu bleiben. Nachbarn können durch unendliches Geheule oder Gebelle derart gestört werden, dass dies im Extremfall sogar zu einer Anzeige führt und damit endet, dass entweder der Hund abgeschafft wird oder man die Kündigung für seine Wohnung bekommt.

Manche Hunde entwickeln bei Abwesenheit ihres Rudels sogar wahres Zerstörungsverhalten. Zeitschriften, Möbel, Garderoben- stücke usw. werden zernagt und zerfetzt. Da man in dem richtigen Moment – nämlich wenn Gegenstände zerstört werden – nicht anwesend ist (Timing!), um den Hund für seine Unart zu be- strafen, verknüpft er recht schnell: Alleinbleiben heißt etwas zer- stören! Diese selbst anerzogene Eigenschaft wieder abzugewöh- nen, gestaltet sich als äußerst langwierig und schwierig und bedarf oftmals fachmännischer Hilfe.

50

Deshalb beginnen Sie gleich ein paar Tage, nachdem der Hund eingezogen ist, ihn an das Alleinbleiben zu gewöhnen. Wenn ein junger Hund z. B. gerade satt ist, sich ausgetobt und gelöst hat, verlassen Sie einfach einmal für kurze Zeit Ihre Wohnung und bleiben eine Weile in Hörweite. Benehmen Sie sich beim Abschied nicht, als würden Sie Ihren Vierbeiner die nächsten sechs Wochen nicht mehr sehen und sagen womöglich noch selbst mit trauriger Stimme: „Ringo, sei nicht traurig, Frauchen/Herrchen kommt ja bald wieder...", sondern gehen Sie einfach fort, als würden Sie z. B. für eine Weile ins Badezimmer gehen. Verhält sich der Hund ruhig, kommen Sie nach ein paar Minuten wieder, als wäre gar nichts Besonderes geschehen. Verzichten Sie auf eine stürmische Begrüßung, die einen Freudentanz beim Hund auslösen kann. Er verknüpft damit eventuell nur, dass das Alleinsein furchtbar und das Wiederkommen toll ist. Als Dankeschön beschert Ihnen ein junger Hund vielleicht sogar noch eine „Freudes"-Pfütze, über die Sie sich nur ärgern!

Bellt oder heult Ihr Hund hingegen, wenn Sie abwesend sind, gehen Sie forschen Schrittes wieder in Ihr Haus und verbieten Sie ihm sein Fehlverhalten. Sagen Sie z. B. mit strenger Stimme: „Ruhig!", „Still!", „Leise!" oder Ähnliches. Unmittelbar, wenn der Hund aufhört, Lärm zu machen, loben Sie ihn mit ganz leiser ruhiger Stimme: „Ringo, brav!" Genauso gut können Sie ihm aber auch schweigend den Fang zuhalten, bis er mit dem Bellen aufhört (stillschweigende Kommunikation). Auch in diesem Fall wird sofort kurz, leise und ganz ruhig gelobt. Anschließend verlassen Sie gleich wieder das Haus. Diese Übung wird regelmäßig wiederholt, wobei der Zeitraum der Abwesenheit immer weiter ausgedehnt wird.

Falls Sie jedoch von Ihren Nachbarn hören, dass Ihr Hund Lärm gemacht hat, oder Sie zerstörte Gegenstände vorfinden, beginnen Sie wieder behutsam und Stück für Stück mit dem Üben des Alleinbleibens, indem sie in Hörweite bleiben.

Vorsicht: Viele Hundehalter neigen dazu, Ihren bellenden oder heulenden Hund zu streicheln, um ihn zu beruhigen oder zu trösten. Ihre Geste, nämlich das Streicheln, bedeutet für den Hund jedoch ein Lob für sein Tun. Er verknüpft Streicheln und Bellen als angenehm und entwickelt sich immer mehr zum Kläffer!

Wenn Sie sicher sind, dass Ihrem Hund das Alleinbleiben nichts ausmacht, können Sie getrost die ersten kleinen Erledigungen machen. Es empfiehlt sich in der Anfangszeit, Nachbarn zu fragen, wie sich der Vierbeiner verhalten hat. Hat alles gut funktioniert, wird der Hund nie Theater machen, wenn Sie fort sind – auch wenn es später einmal für mehrere Stunden ist!

Ein ausgewachsener Hund, der an das Alleinbleiben gewöhnt ist, kann durchaus ein paar Stunden allein bleiben. Da ein Hund jedoch ein soziales Wesen ist, hat er am liebsten sein Rudel um sich. Deshalb sollten Sie sich vor der Anschaffung Ihres Hundes genau überlegen, ob zumindest ein Familienmitglied höchstens halbtags abwesend ist. Langes Alleinsein macht keinem Hund Spaß und verursacht bei ihm nur Frustration. Außerdem vergeuden Sie sehr kostbare Stunden mit Ihrem Vierbeiner.

Es ist nicht ratsam, insbesondere einem jungen Hund vor Verlassen des Hauses einen Kauartikel zum Ablenken und zur Beschäftigung anzubieten. Oft habe ich schon erlebt, dass sich gerade ein junger Hund am letzten Stück eines Kauartikels vor lauter Gier verschluckt. Ist der Hund dann ganz allein, so könnte dies böse enden.

Die Gewöhnung des Hundes an das Alleinbleiben ist ein Muss für jeden Hundehalter, weil man, selbst wenn man nicht berufstätig ist, in Situationen kommt, in denen man einen Hund nicht mitnehmen kann, darf oder möchte (Arztbesuche, Kinobesuche o. Ä.). Ein Hund, der problemlos allein bleibt, hat in der Regel eine enge Bindung, d. h. sehr viel Vertrauen zu seinen Menschen! Ich verstehe die Leute nicht, die stolz darauf sind, dass ihr Hund sie bei Abwesenheit vermisst, da der Hund ja so an ihnen hängt! Hierin spiegelt sich vielmehr Verlustangst des Hundes seiner Meute gegenüber und somit eine Unsicherheit des Hundes wider. Meine Hunde vermissen mich nicht, weil sie sich darauf verlassen können, dass ich immer wiederkomme!

## Steadyness oder (innere) Standruhe

Geduld zu üben, ist eine der schwierigsten und anstrengendsten Angelegenheiten für einen Hund. Wie Sie bereits wissen, will er stets alles jetzt und hier! Sicherlich möchten Sie langfristig jedoch erreichen, dass Ihr Hund geduldig, d. h. „steady" sein kann. Das kann später für das Abliegen in oder außer Sicht sowie das Warten auf das Apportieren (vgl. Kapitel 5), das Warten, bis ein Besucher kommt, das Warten im Auto o. Ä. wichtig sein.

Nutzen Sie bei Ihrem jungen Hund die Fütterungen, um ihn Geduld zu lehren. Viele Junghunde lernen schnell, das Geräusch der klappernden Futterschüssel zu erkennen, in der Frauchen/ Herrchen die anstehende Mahlzeit zubereitet, und können diese kaum erwarten. Sie hüpfen gerne hoch, sabbern, bellen etc. Werden Sie nicht schwach und beeilen Sie sich erst recht nicht. Ignorieren Sie vielmehr das Drängeln Ihres Hundes und strahlen Sie Ruhe aus (keine Antwort ist auch eine Antwort), denn Sie sind schließlich der Boss und bestimmen, wann gefressen wird.

Im Gegenteil: Ist die Mahlzeit im Napf zubereitet (Trockenfutter sollte man z. B. im Wasser quellen lassen), gehen Sie mit Ihrem jungen Hund an den Ort, an dem er gefüttert werden soll. Halten Sie ihm die Futterschüssel etwas über Schnauzenhöhe über seinen Kopf. Er wird sich unweigerlich hinsetzen und nach der Schüssel schauen. Genau in dem Moment (Timing), wenn der Hund sich setzt, kommt Ihr Kommando: „SITZ!" Halten Sie schützend eine Hand vor die Brust des Hundes, damit er sich nicht selbstständig bedienen kann. Lässt der Druck des Hundes in Ihrer Hand nach und sitzt der Hund und sucht den (fragenden) Augenkontakt zu Ihnen (wann er denn endlich fressen darf), geben Sie ihm das entsprechende Kommando, z. B. „JETZT" oder „NIMM'S". Bald wird er gelernt haben, erst auf Ihr Kommando zu fressen. Dann können Sie den zeitlichen Abstand zwischen Ihren Kommandos verlängern und sollten ihn stets variieren (der Hund entwickelt nämlich schnell ein Gefühl dafür, was z. B. 10 Sekunden sind!).

Nehmen Sie Ihrem Hund auch von Anfang an ab und zu mal seine Schüssel weg, während er frisst, und lassen ihn ein bisschen warten. Schnell wird er auf diesem Weg das Vertrauen zu Ihnen gewinnen, weil er sicher ist, dass er sein Fressen von Ihnen erhält, es weggenommen bekommt und auch wieder (!) bekommt!

Steadyness eines Hundes ist ferner sehr wichtig, wenn Sie mehrere Vierbeiner in einem Haushalt halten. Stellen Sie sich nur die Fütterung von zwei, drei oder mehr Hunden vor, wenn alle gleichzeitig das „Buffet" stürmen!

Dieser Picard wartet geduldig, bis Frauchen fertig ist.

Steadyness können Sie auch beim Spaziergang üben. Läuft Ihr Hund mehr oder weniger neben Ihnen an der Leine und Sie wollen ihn ableinen, so tun Sie dies nie ohne Kommando. Lassen Sie Ihren Hund an der Leine sitzen, loben Sie ihn kurz und leinen ihn erst dann ab. Halten Sie ihn jedoch noch eine Weile mit einer schützenden Hand vor seiner Brust vor dem Wegspringen zurück. Schaut er Sie wiederum fragend an, wann er denn endlich losrennen darf, warten Sie noch ein bisschen und geben Sie ihm dann Ihr Kommando (z. B. „SPRING", „LAUF" o. Ä.). Auch die Zeitdauer des Wartens, bis der Hund frei laufen darf, sollten Sie ständig variieren.

Eine gute und sinnvolle Übung ist es auch, wenn Sie Ihrem Hund das „Stehen" beibringen. Bürsten Sie Ihren Hund z. B. liebevoll im Stand und benutzen Sie hierzu das Kommando „STEH". Loben Sie ihn für das Stehen und bürsten Sie weiter. Er wird es genießen. Setzt er sich von selbst hin, heben Sie sein Hinterteil an und geben ihm erneut das Kommando zum Stehen. Ebenso lassen Sie Ihren Hund stehen, wenn er abgewaschen, geduscht oder abgetrocknet wird und loben ihn auch hier, wenn er es gut macht.

Diese drei Hunde benehmen sich am „Buffet"!

Lassen Sie Ihren Hund auch einfach mal für ein paar Sekunden „grundlos" stehen. Halten Sie ihm hierfür ein Leckerchen vor die Schnauze, an dem er eine Weile schnuppern und lecken darf und wiederholen Sie stets das Kommando „STEH". Streicheln Sie Ihren Hund dabei und geben ihm erst nach einiger Zeit das Leckerchen. Wenn das Stehen mit dem Leckerbissen klappt, versuchen Sie es einmal ohne, indem Sie ihm mit einer Hand den Kopf unter dem Fang fixieren und mit der anderen Hand gegebenenfalls verhindern, dass er sich absetzen kann. Das längere Stehen bedeutet für den Hund eine Übung äußerster Konzentration und Geduld.

Diese Übung können Sie – je nach Größe des Hundes – auch einmal auf einem Tisch probieren! So manch ein Hundebesitzer möchte vielleicht später einmal seinen Hund ausstellen und stellt dann beim älteren Hund fest, dass er zwar „SITZ" und „PLATZ" beherrscht, jedoch nicht auf Kommando stehen kann. Ferner kann man einen Hund auf einem Tisch wesentlich besser pflegen und untersuchen (z. B. auf Parasiten oder auch beim Tierarztbesuch). Das Stehen auf einem Tisch fördert zudem das Vertrauen zur Bezugsperson! Bei manch einer Hundesportausbildung wird ebenso das „STEH" verlangt.

Bei sämtlichen Geduldsübungen können Sie wieder spielerisch vorgehen. Ich mache mit meinen Hunden z. B. ein ganz gemeines „Steadyness-Spiel": Ich lasse meine Hunde abliegen (mal im Haus, mal im Garten, mal im Gelände, sogar manchmal im geöffneten Auto), lege ihnen auf jede Vorderpfote einen Leckerbissen und lasse sie warten, bis ich ihnen das Kommando gebe, die Leckerbissen zu nehmen – wobei ich noch per Handzeichen immer abwechselnd mal links, mal rechts darauf bestehe, welches Leckerchen sie zuerst nehmen dürfen! Sie glauben gar nicht, wie gerne meine Hunde bei dieser Übung „steady" sind!

Ihrer Fantasie sind auch hier keine Grenzen gesetzt!


## Autofahren

Das Autofahren macht Sie und Ihren Hund im wahrsten Sinne des Wortes mobil. Da der Hund ja am liebsten bei seinem Rudel ist, möchte er natürlich auch so viel wie möglich mitgenommen werden und alles Mögliche mit Ihnen erleben.

Manche Hunde wurden bereits vom Züchter oder vom Vorbesitzer an das Autofahren gewöhnt und haben in der Regel auch keine Probleme damit. Beginnen Sie rechtzeitig mit dem Autofahren mit Ihrem neuen Vierbeiner, aber vermeiden Sie es, die erste(n) Autofahrt(en) zum Tierarzt zu unternehmen. Es kann sein, dass der Hund dann das Autofahren mit etwas Negativem verknüpft und zukünftig nicht gerne mitfährt. Im Gegenteil, fahren Sie mit Ihrem Vierbeiner zunächst kurze Strecken, die er mit etwas Positivem verbindet. Fahren Sie zur nächstgelegenen Wiese und lassen Ihren Hund dort nach Herzenslust tollen und sich lösen, spielen Sie mit ihm und fahren Sie dann wieder nach Hause. Schön ist es auch für einen Welpen, die erste Autofahrt zum Welpentreffen (siehe Kapitel 3) zu machen, wo er ausgiebig mit anderen Gleichaltrigen toben kann. Solche kurzen anfänglichen Autofahrten wird der Hund sofort als positiv empfinden und stets gerne mitfahren wollen.

Es ist gut, wenn man die ersten kurzen Autofahrten nicht allein unternimmt, sondern jemanden hat, der fährt und man sich

Ein Hund ist im Laderaum eines Kombis mit einem Schutzgitter bestens aufgehoben.

selbst um seinen Hund kümmern kann, oder jemanden, der einen begleitet, um zu helfen. Diese Person kann dann den Hund auf dem Beifahrersitz oder der Rückbank auf den Schoß nehmen und so beruhigend auf ihn einwirken, wenn er nervös zu werden beginnt, und ihn daran hindern, im Wagen herumzuklettern.

Klappt es mittlerweile reibungslos mit dem Autofahren, können Sie dazu übergehen, den Hund an seinem endgültig vorgesehenen Platz mitzunehmen. In der Regel dürfte dies kein Problem sein, da er das Fahren als solches ja mittlerweile verträgt und beherrscht. Sie wiederum können durch Kontrollblicke im Rückspiegel auf den Hund beruhigend einreden, wenn er etwas unruhig wird, oder mit ihm schimpfen, falls er versucht, herumzuklettern oder an der Verkleidung zu kratzen.

In einer Limousine fährt der Hund auf der Rückbank mit; hierfür gibt es im Fachhandel Gurtgeschirre für den Hund, die ihn beim Abbremsen davor schützen, nach vorne zu rutschen. Es gibt weiterhin Hundedecken für Limousinen, die ähnlich einer Hängematte zwischen Fahrersitz und Rückbank gehängt werden und vor Verunreinigungen und Abrutschen in den Fußraum beim Bremsen schützen.

Bei Kombis gestaltet sich die Angelegenheit sauberer und einfacher. Der Hund hat im Laderaum seinen eigenen Platz und verschmutzt nicht den Fahrgastraum. Es empfiehlt sich ein Schutzgitter oder -netz hinter der Rückbank anzubringen, damit der Hund bei eventuellen Bremsmanövern nicht in den Fahrgastraum geschleudert wird.

Am sichersten allerdings sind eigens für Kombis vorgesehene Gitterboxen, in denen der Hund auf den Fahrten transportiert werden kann. Üben Sie die Unterbringung in solch einer Box zunächst zu Hause. Füttern Sie den Hund in der Gitterbox, damit er mit ihr etwas Positives verknüpft. Stellen Sie die Box ins Wohnzimmer, lassen ihn darin etwas Leckeres kauen und schauen dabei einfach in Ruhe Fernsehen. Der Hund wird sich darin bald – ähnlich wie in einem Zimmerkennel – wohl und geborgen fühlen.

Wenn dies der Fall ist, beginnen Sie damit, den Hund in der Box im Auto unterzubringen. Ist er daran gewöhnt, können Sie die ersten Fahrten unternehmen. Im Auto fühlt sich der Hund in solch einer Box meistens recht wohl, weil er nicht so einen großen, leeren Raum hat, in dem er herumrutschen kann. Ein weiterer Vorteil ist, dass man den verbleibenden Raum für sein eigenes Gepäck nutzen kann.

Es gibt jedoch auch Hunde, die weniger gerne Auto fahren. Hier ist es ratsam, den jungen Hund z. B. im Auto zu füttern. Nach einigen Mahlzeiten im Auto kann man das gleiche bei laufendem Motor wiederholen. Der Hund verbindet über das positive Erlebnis des Fütterns, dass das Auto etwas Tolles ist. Oftmals bekommt man so die Anfangsprobleme schnell in den Griff. Dennoch gibt es leider Hunde, die ihr Leben lang nicht gerne Auto fahren, oder gar Hunde, denen schlecht wird, so dass sie während der Fahrt furchtbar unruhig werden, ja sich sogar übergeben müssen. Sprechen Sie in diesem Fall mit Ihrem Tierarzt. Es gibt für Hunde wirksame homöopathische Reisetabletten z. B. auf Baldrianbasis, die den Hund etwas ruhiger stellen. Manchmal liegt auch eine Störung im Gleichgewichtsorgan (Innenohr) des Hundes vor. Auch in diesen Fällen klären Sie das Problem mit Ihrem Tierarzt ab.

Bei manchen Hunden ist es jedoch leider ratsam, nur Autofahrten mit ihnen zu unternehmen, die unbedingt notwendig sind.

Ich möchte hier nicht ausdrücklich betonen, dass Hunde – egal wie groß oder klein sie sind – nichts im Heck auf der Hutablage zu suchen haben, wie dekorativ das auch aussehen mag! In erster Linie denkt jeder zunächst an scharfe Bremsmanöver, bei denen der Hund durch das Auto nach vorne geschleudert und Hund und Mitfahrer ernsthaft verletzt werden können. Bedenken Sie aber auch einmal die Temperaturen, die sich gerade unmittelbar hinter der Heckscheibe einer Limousine im Sommer entwickeln, wobei wir direkt beim nächsten Thema wären.

Nehmen Sie auf jeder Autofahrt genügend Trinkwasser für Ihren Vierbeiner mit und lassen Sie ihn nie bei heißen Temperaturen im Auto warten – auch nicht bei geöffneten Fenstern. Allzu häufig kollabieren Hunde und sterben nicht selten an einem Hitzschlag, wenn Sie in der heißen Jahreszeit im Auto hilflos warten müssen.

Von Vorteil ist es, wenn das Fahrzeug über eine Klimaanlage verfügt. Falls dies nicht der Fall ist, kann man seinen Hund vor Fahrtantritt in der heißen Jahreszeit auch kalt abduschen oder ihm ein nasses T-Shirt anziehen. Das erfordert wenig Aufwand und schützt Ihren Vierbeiner vor Überhitzung.

Ein weiteres wichtiges Thema zum Autofahren möchte ich an dieser Stelle besonders betonen. Lassen Sie Ihren Hund niemals unaufgefordert aus dem Auto herausspringen – das könnte böse Folgen haben. Auch hier – wie bereits oben erwähnt – lässt sich täglich die Steadyness beim Hund üben. Öffnen Sie nach Fahrtende Ihren Wagen und halten Ihren Vierbeiner mit dem Kommando „BLEIB" und einer zurückweisenden Handbewegung zurück. Bleibt er ruhig sitzen, wird er hierfür gelobt und darf erst das Auto auf Ihr Kommando hin verlassen. Variieren Sie auch bei dieser Übung stets die Dauer, wie lange der Hund warten muss, bis er sein Kommando zum Herausspringen bekommt. Dehnen Sie diese Übung ruhig in ungefährlichen Geländen (und sei es auf dem eigenen sicheren Hof) bis auf einige lange Minuten aus. Springt Ihr Hund jedoch jemals – egal wann und wie alt der Hund ist – unaufgefordert aus dem Auto heraus, wird er sofort und unliebsam mit dem Wort „NEIN" dorthin zurückbefördert! Jetzt muss der Hund erneut umso länger warten und wird dann erst gelobt und aus dem Auto entlassen. Diesen Lernvorgang, den der Hund durch Belohnung – also Positiverlebnisse – erfährt, bezeichnet man als instrumentelle oder **operante Konditionierung**. Jedes Lob, ob Leckerchen, Streicheleinheit oder Stimme, stellt für den Hund ein Instrument dar. Der Hund lernt schnell über das positive Erlebnis.

Eine andere schweigende Methode, den Hund nachhaltig am Herausspringen aus dem Auto zu hindern, können Sie über die so genannte **klassische Konditionierung**, bei der das Lob (Stimuli) wegfällt, erreichen. Hier assoziiert der Hund sein Lernen durch einen Schlüsselreiz! Diese Art der klassischen Konditionierung ist nur sehr schwer wieder rückgängig zu machen. In dem Moment, in dem Ihr Hund also das Auto unaufgefordert verlassen möchte, schlagen Sie einfach die Autotür wieder zu. Er wird Sie frustriert und erstaunt anschauen, weil er nicht zu seinem Erfolg gelangt ist. Erneut öffnen Sie schweigend die Tür und der Hund wird wieder versuchen, unaufgefordert herauszuspringen. Wieder schlagen Sie die Tür zu. Dieses „Spielchen" betreiben Sie so lange, bis der Hund verdutzt im Auto sitzen bleibt und keine Anstalten mehr macht herauszuspringen. Im Gegenteil: Er wird Sie fragend anschauen, wann er denn endlich heraus darf. Nach einem kurzen Lob schicken Sie Ihren Hund aus dem Auto heraus. Diese Methode mag manch einem komisch vorkommen, aber sie erspart Ihnen nervenaufreibende Machtkämpfe und ist wesentlich nachhaltiger, weil der Hund durch Sie nicht erzogen, sondern regelrecht konditioniert wird.

Für welche Methode Sie sich entscheiden, liegt ganz allein an Ihnen, wobei stets das Wesen und die Entwicklungsstufe des jeweiligen Hundes zu berücksichtigen sind.

### „GIB LAUT" – Der Hund soll bellen

Manch ein Hundebesitzer möchte, dass sein Vierbeiner in bestimmten Situationen bellt, z. B. um Besucher anzukündigen oder in einsamen Gegenden der Umgebung die Anwesenheit eines Hundes zu demonstrieren! Bei der Rettungshunde- oder Rauschgifthundeausbildung ist es z. B. ein absolutes Muss, dass der Hund das Bellen auf Kommando beherrscht.

Um dem Hund das Bellen beizubringen, nutzen Sie hierfür am besten Situationen aus, in denen der Hund sowieso gerade bellt. Achten Sie hierbei wiederum auf das richtige Timing! Wenn Ihr Hund Sie z. B. durch sein Bellen zum Spiel auffordert, geben Sie ihm sofort in dem Moment (bevor Sie auf seine Aufforderung eingehen) das Kommando: „GIB LAUT". Erst dann wird gespielt. So verknüpft der Hund das Spiel als Lob für sein Bellen.

Wie bereits erwähnt, bellen manche Hunde auch bei der Zubereitung des Futters. Auch hier können Sie ihm gleichzeitig das Kommando für das Bellen geben und ihn anschließend durch das Fressen für sein Tun belohnen. Schnell wird Ihr Hund wiederum das Bellen durch das positive Erlebnis der Fütterung verbinden.

Schwieriger gestaltet es sich, einem Hund das Bellen beizubringen, der so gut wie nie bellt! Hier können Sie z. B. versuchen, Ihrem Hund ein Lieblingsspielzeug oder ein begehrtes Leckerchen vor die Schnauze zu halten und es aufmunternd immer vor seiner Schnauze hochzuheben. Machen Sie dabei mit Ihrem Kopf jeweils eine ruckartige Bewegung nach hinten wie bei einem Schluckauf (das tut ein Hund beim Bellen auch!). Wiederholen Sie diese Übung immer wieder! Bleiben Sie hart – wenn der Hund nicht bellt, bekommt er weder das Lieblingsspielzeug noch das Leckerchen, geschweige denn das Kommando „GIB LAUT". Bei einem sehr ruhigen Hund kann diese Übung recht langwierig und mühsam sein, führt in der Regel durch Konsequenz jedoch zum Erfolg!

Überlegen Sie aber gründlich, ob Ihr Hund das Bellen lernen soll. Ein Hund, der das Bellen gelernt hat, wird in Alltagssituationen erfahrungsgemäß auch häufiger für uns Menschen grundlos bellen!

## Hund und Katze

Das Märchen, dass Hund und Katze sich wie „Hund und Katze" vertragen, ist ein hausgemachtes Problem seitens uns Menschen. Generell regeln normal sozialisierte Tiere untereinander, wie sie miteinander klar kommen. Das kann von inniger Freundschaft bis hin zu gegenseitiger Akzeptanz reichen.

Einem Hund das Bellen auf Kommando beizubringen, will wohl überlegt sein.

Normalerweise gestaltet sich die Vergesellschaftung einer kleinen Katze mit einem ausgewachsenen Hund als recht einfach. Der Hund wird schnell verstehen, dass jetzt ein neues Familienmitglied Einzug gehalten hat und wird die Katze akzeptieren. Die kleine Katze wird wahrscheinlich sogar aus Neugierde Kontakt zum Hund aufnehmen und nicht selten spielen beide miteinander oder schlafen schließlich sogar in einem Körbchen.

Ist bereits eine ältere Katze im Haus und es kommt ein stürmischer kleiner Welpe dazu, so kann es kleine Anfangsprobleme geben. Der kleine Kerl ist der Katze einfach zu hektisch, plump und laut. So neigen manche Katzen z. B. dazu, aus Protest wieder die Wohnung zu beschmutzen, „Freigänger" bleiben mitunter länger als üblich von zu Hause weg oder aber eine Wohnungskatze zieht sich mehr als sonst zurück.

Solange eine Katze jedoch genügend Unterschlupfmöglichkeiten hat, wohin sie sich zurückziehen kann, gibt es normalerweise keine Probleme. Schließlich wird die erwachsene Katze dem Hund zeigen, wer „der Herr im Haus ist". Bekommt Klein-Ringo einmal die Tatze auf die Schnauze, wird er sehr schnell verstehen, dass die Katze in Ruhe gelassen werden will.

Häufig wird die Gefahr beschrieben, dass eine Katze dem Hund die Augen auskratzen kann – ich selbst kenne viele, die gleichzeitig Katzen und Hunde halten (wie wir auch) –, von solch einem Fall habe ich aber noch nie gehört.

Selbst wenn sich Hund und Katze im eigenen Haus noch so gut verstehen, in freier Natur macht es fast jedem Hund äußersten Spaß, Katzen auf den nächsten Baum zu jagen!

## Vermeidung unerwünschter Verhaltensweisen

Sprechen Sie auch in Bezug auf unerwünschte Verhaltensweisen mit Ihrer Familie ab, was Ihr Hund unter gar keinen Umständen soll oder darf. Für einen Hund ist es wie bei den erwünschten Eigenschaften nicht einfach zu verstehen, dass er z. B. bei Frauchen ohne Kommando aus der Haustür rennen darf, wenn Besuch kommt, und bei Herrchen artig warten muss, bis der Besucher im Haus ist.

### Vorsorge ist besser...

...und einfacher als Nachbesserung. Wenn Ihr neuer Vierbeiner im Haus ist, sorgen Sie dafür, dass er so wenig wie möglich anstellen kann. Die Neugierde eines jungen Hundes kennt keine Grenzen. Lassen Sie z. B. keine Schuhe unbeaufsichtigt auf dem Boden herumstehen. Ein junger Hund unterscheidet noch nicht zwischen seinem Spielzeug und Frauchens Kroko-Pumps! Sorgen Sie ebenfalls dafür, dass kein Kinderspielzeug oder andere Gegenstände in Reichweite des kleinen Vierbeiners herumliegen. Unabhängig vom eventuellen materiellen Schaden, der sehr ärgerlich sein kann, besteht bei vielen Gegenständen Verletzungsgefahr. Abgebissene Gürtelschnallen aus Metall, Knopfaugen von Stofftieren, Kunststoffspielsachen von den Kindern, ja sogar herumliegende Medikamente und dergleichen können beim Verschlucken erhebliche gesundheitliche Schäden beim Hund verursachen oder sogar tödlich enden. Seien Sie auch in diesem Punkt stets weitsichtiger als Ihr Hund und überlegen Sie sich, was alles passieren könnte!

Wenn sich der junge Hund an seine Umgebung gewöhnt hat, wird er auch schnell verstehen, wo seine Plätze im Haus sind, welches sein Spielzeug ist und welche Gegenstände seinen Rudelführern gehören. Hierzu lassen Sie bewusst in Ihrer Anwesenheit Dinge auf dem Boden liegen. Sobald der Hund daran Interesse zeigt, verbieten Sie es ihm mit einem kurzen: „NEIN!" Sobald er von dem Objekt seiner Begierde ablässt und Sie fragend anschaut, loben Sie ihn freundlich: „Ringo, brav!" Schnell wird er lernen was Mein und Dein ist.

Wenn Sie nicht möchten, dass Ihr Hund einen bestimmten Raum wie z. B. Küche, Kinderzimmer, Esszimmer oder Schlafzimmer betritt, verbieten Sie ihm den Zugang zu diesem Raum von vornherein. Bedienen Sie sich im Zweifel eines Kindersicherungsgitters. So hat der Hund zwar optischen Kontakt zu diesem verbotenen Raum, kann ihn jedoch nicht betreten. Erwarten Sie allerdings nicht, dass der Hund diesen Raum später mag oder ihn so beschützt wie das Terrain, was er sein eigen nennen kann.

## Betteln am Tisch

Wenn Sie nicht möchten, dass Ihr Hund am Tisch bettelt, geben Sie ihm von vornherein **niemals** etwas vom Tisch. Einmal schwach geworden, hat der Hund sehr schnell gelernt, dass es sich lohnt zu betteln. Wer kennt nicht die Situation, dass einen ja ach so treue Augen anhimmeln, wenn man gerade seinen vollen Teller auf dem Tisch hat. Auch wenn es schwer fällt, schicken Sie Ihren Hund entweder auf seinen Platz oder ignorieren Sie sein Verhalten. Ihr konsequentes Ignorieren wird den Hund frustrieren, da er nicht zum erwünschten Erfolg kommt, und er wird sich über kurz oder lang zurückziehen, ohne dass Sie mit ihm langatmige Machtkämpfe durchfechten mussten.

Schicken Sie Ihren Hund nicht mit dem Wort „Geh auf deinen Platz (!)" auf seinen Platz, denn das Wort „PLATZ" ist bei der späteren Ausbildung für das korrekte Abliegen reserviert (siehe Kapitel 5). Sagen Sie lieber: „Geh' auf deine Decke!", „Geh in dein

Körbchen", „Troll dich" o.Ä. Dies sind mehr oder weniger Aufforderungen und keine reinen Kommandos. Aber auch solche Dinge versteht ein Hund, wenn man immer die gleichen Sätze benutzt und sie durch angemessene Mimik unterstreicht.

Äußerst hartnäckigen Hunden kann man das Betteln auch verbal verbieten und gleichzeitig physisch auf sie einwirken, indem man ihnen einen leichten Klaps mit Zeige- und Mittelfinger auf den Fang gibt. Meiner Erfahrung nach ist diese Methode jedoch nervenaufreibender und langwieriger, als wenn man das Betteln konsequent ignoriert! Ein kleiner Klaps oder ein böses Wort der Bezugsperson ist bei der nächsten Mahlzeit bei vielen Hunden wieder in Vergessenheit geraten.

Am Rande sei erwähnt, dass ein Hund, der Erfolg beim Betteln am Tisch hat, auch zum Stehlen vom Tisch erzogen wird. Zu Hause allein gelassen, neigen diese Hunde dazu, sich davon zu „überzeugen", was es denn da Gutes bei uns Menschen auf dem Tisch gibt. Übrigens macht der Hund aus seiner Sicht überhaupt nichts falsch, sondern er befriedigt lediglich seinen Trieb, an Beute – vielleicht in Form eines Stück Kuchens – zu gelangen. Hat er einmal im eigenen Heim mit seinem Beutetrieb Erfolg gehabt, so wird er immer wieder versuchen, seine Beute zu bekommen, und wir Menschen denken, er stiehlt.

## Der Hund und das Sofa

Auch wenn es recht niedlich oder anmutig aussehen mag, wenn ein kleiner Hund (der übrigens noch nicht so haart wie die meisten ausgewachsenen Hunde, insbesondere im Fellwechsel) auf dem Sofa liegt, möchten viele Hundebesitzer nicht, dass der Hund auf den Sitz- oder Liegegelegenheiten der Menschen liegt. Man bedenke auch, dass ein Hund ziemlich harte und spitze Krallen haben kann, welche die Polster sehr schnell unschön werden lassen können – ganz zu schweigen von den vielen Haaren! Macht ihr Hund in Ihrer Gegenwart Anstalten, das Sofa zu erobern, verbieten Sie es mit einem knappen, aber eindringlichen „NEIN" und/oder schubsen Sie ihn gegebenenfalls energisch wieder auf den Boden. Dulden Sie keine Ausnahmen! Hat Ihr Hund begriffen, was Sie von ihm erwarten, loben Sie ihn.

Ein Hund ist übrigens nicht unglücklich auf seiner Decke oder in seinem Korb, wenn er nichts anderes kennt. Falls der Hund in Ihrer Abwesenheit einmal das Sofa benutzt hat (Haare oder zerwühlte Sofakissen können sehr verräterisch sein), nützt es gar nichts, ihn an den Ort des Geschehens zu befördern und ihn zu bestrafen. Der Hund verknüpft den Zusammenhang der Strafe nicht mehr mit seiner Untat! Bei hartnäckigen „Sofa-Fans" empfehle ich, ein paar Besenstiele auf das begehrte Stück zu legen. Schnell wird der Hund mit dem Sofa etwas Negatives verbinden, wenn es beim Erklimmen seines begehrten Schlafplätzchens sehr unbequem und hart ist und eventuell noch furchtbar scheppert!

## Die Haustür

Dulden Sie es von Anfang an nicht, dass Ihr kleiner Vierbeiner völlig „ausflippt", wenn es schellt und sich Besuch ankündigt. In der Regel reagieren alle Hunde ihrer Veranlagung entsprechend, wenn es klingelt, da dann normalerweise jemand kommt, den man entweder begrüßen oder vor dem man sein Rudel oder sein Revier beschützen kann. Ein Hund wird regelrecht auf das Schellen an der Haustür „konditioniert". Sie können sich selbst davon überzeugen, ob Ihr Hund dahingehend konditioniert ist, indem Sie selbst einmal klingeln. Der Hund wird bellen, obwohl Sie ihm die offene Haustür präsentieren und ihm beweisen, dass niemand kommt. Wiederholen Sie ein paar Mal diesen Eigenversuch: Sie werden sehen, der Hund braucht sehr lange, um sein Bellen wieder einzustellen. Vergleichen Sie hierzu einmal die Situation, wenn das Telefon schellt. Mit diesem Schellen verknüpft der Hund nichts Positives für sich und reagiert dementsprechend auch nicht.

Wenn Sie es wünschen, dass Ihr Hund ankommende Besucher ankündigt, dulden Sie allenfalls ein kurzes Bellen. Hierzu loben Sie ihn nach ein paar Sekunden für sein Bellen und fordern ihn anschließend auf, wieder ruhig zu sein. Wenn Sie nicht wünschen, dass der Hund anschlägt (vielleicht wohnen Sie in einem hellhörigen Mietshaus), verbieten Sie ihm sogar das Bellen von Anfang an.

Kommt der Besucher endlich der Haustür so nah, dass Ihr Vierbeiner es nicht mehr aushält, ihn begrüßen zu können, ist es sehr wahrscheinlich, dass er versuchen wird, dem Besucher durch die geöffnete Tür entgegenzurennen. In diesem Fall können Sie ein Familienmitglied bitten, den Hund angeleint in sicherer Entfernung warten zu lassen (Steadyness!), um erst einmal Ihren Besuch zu begrüßen. Dann darf der Hund begrüßt werden. Sind Sie allein, halten Sie Ihren Hund selbst angeleint neben sich sitzend und warten, bis der Besucher im Raum ist. Der Hund muss sitzen bleiben. Dann wird der Besuch begrüßt. Anschließend darf er den Hund begrüßen. Bitten Sie Ihren Gast, nicht zu dulden, dass Ihr Hund an ihm hochspringt – er kann seine Freude auch anders zeigen.

An der Haustür können Sie den „Trick" der klassischen Konditionierung anwenden, wenn entweder Sie selbst die Wohnung verlassen möchten oder Besuch kommt. Sobald der Hund Anstalten macht, sich aus der Tür zu drängeln, machen Sie die Tür wieder forsch vor ihm zu. Schaut er Sie fragend an, öffnen Sie die Tür wieder einen Spalt. Strebt er wieder nach draußen, klappen Sie die Tür erneut vor ihm zu. Diesen Vorgang exerzieren Sie so lange, bis er frustriert darauf verzichtet, das Haus zu verlassen. Und wieder wird der Hund für das anständige Bleiben gelobt. Dann verlassen entweder Sie das Haus oder lassen Ihren Besucher eintreten.

## Der Hund und seine Ängstlichkeit

Für einen Hund ist die Angst von Natur aus wichtig, um zu überleben, denn Angst aktiviert in ihm notwendiges Fluchtverhalten vor reellen Gefahren. Teilweise durch ungünstige Verpaarungen von Rassehunden oder aber durch erlernte Negativerlebnisse durch Umwelteinflüsse oder Menschen sind heute leider einige Hunde künstlich wesensschwach und ängstlich (geworden). Das alles stellt aber kein großes Problem dar, wenn Sie Ihrem Hund durch Ihr Verständnis und sein Vertrauen und seine Bindung Ihnen gegenüber helfen, diese Ängste abzubauen, zu überwinden und durch Lebenserfahrung zu kompensieren.

Das soll jedoch nicht bedeuten, dass Sie Ihren Hund übervorsichtig behandeln und ihn von allem Möglichen fern halten und vor allem beschützen, wovor sich insbesondere ein junger Hund ängstigt. Diese Übervorsicht Ihrerseits kann zu einer sehr lästigen und unnatürlichen Bindung im Sinne von Abhängigkeit Ihres Hundes Ihnen gegenüber führen und umgekehrt.

Als Beispiel möchte ich hier anführen, dass manch ein Hundebesitzer Angst hat, seinen jungen Hund allein zu lassen aus Furcht, er könne etwas anstellen, oder aber anfänglich keine Notwendigkeit darin sieht, da man ja nicht berufstätig ist. Der junge Hund wird somit das notwendige Alleinbleiben nicht lernen. Es können jedoch immer wieder alltägliche Situationen auftreten, in denen der Hund allein bleiben muss. Tritt erst einmal solch eine Situation ein, wenn der Hund älter ist, gestaltet sich die Angelegenheit oft als äußerst schwierig. Man ist gegenseitig in eine äußerst ungesunde psychische Abhängigkeit geraten. Der Mensch kann und will den Hund einfach nicht mehr allein lassen!

Genauso unsinnig ist es, einen kleinen Hund auf den Arm zu nehmen, wenn einem ein größerer Hund entgegen kommt. Solch ein Hund wird einem anderen Artgenossen gegenüber nie ein gesundes Verhältnis entwickeln und entweder sofort zu Frauchen oder Herrchen eilen, wenn ihm ein anderer Hund begegnet, oder aber zum „Angstbeißer" werden.

Sie können aus einem vom Wesen her eher unsicheren Hund einen zumindest normalen erwachsenen Hund machen, indem Sie ihn behutsam immer wieder an Dinge, vor denen er Angst hat, heranführen und Sicherheit ausstrahlen. Umgekehrt können Sie aus einem normal veranlagten Hund einen total ängstlichen Hund machen, indem sie Ihre eigenen Unsicherheiten auf den Hund übertragen. Jeder (!) Hund ist höchstens so gut wie sein Rudelführer!

Hunde, denen man von klein auf nicht hilft, ihre Ängste zu überwinden, neigen im Erwachsenenalter dazu, diese Ängste mit **Aggressivität** zu kompensieren und zu kaschieren. Nicht selten ist ein erwachsener Hund aggressiv, weil er ängstlich ist, und bekommt dann von seiner Umwelt den Ruf des „bissigen Hundes". Also helfen Sie Ihrem Hund, Unsicherheit und Ängstlichkeit zu überwinden, indem der Hund lernt, mit Dingen umzugehen, vor denen er ursprünglich Angst hatte.

Zeigt z. B. ein junger Hund **Angst vor Gegenständen**, wenn er zum ersten Mal die Bohrmaschine, den Staubsauger, den Fön (vorwiegend akustische Reize) kennen lernt oder einen Besen, ein Bügelbrett, Wäsche auf der Leine (vorwiegend optische Reize) sieht und flüchtet womöglich in irgendeine Ecke, sollten Sie ihn weder trösten (also für sein Angstverhalten loben) noch seine Angst ignorieren. In der Regel hat sich Ihr Hund irgendwann einmal vor einem dieser Gegenstände erschrocken, ohne dass Sie es selbst bemerkt haben.

Zeigen Sie ihm in diesem Fall behutsam und aufmunternd den Gegenstand, vor dem er sich erschrocken hat, und machen Sie diesen für den Hund interessant. Streicheln Sie z. B. den Gegenstand und sagen „Schau, das ist eine tolle Bohrmaschine", geben ihm eventuell als Lob ein Leckerli oder versuchen Sie – falls möglich – den Gegenstand vor dem Hund ein paar Meter wegzuwerfen. Oftmals verlieren Hunde über ihren Beutetrieb die Angst. Vielleicht apportiert Ihr Hund ja sogar freudig den vorher als schrecklich angesehenen Fön oder das schreckliche frisch gewaschene Wäschestück...

Ein Hund kann andererseits auch **Angst vor fremden Menschen** haben. Diese Angst kann verschiedene Ursachen haben. Der Ursprung kann schon im Welpenalter liegen. Oder zwischen Hund und Mensch bestand jemals ein Missverständnis aufgrund von falscher gegenseitiger Deutung der unterschiedlichen Mimik oder Körpersprache. Ein Welpe reagiert z. B. mit Angst, wenn er einem fremden Menschen gegenüber nicht direkt zutraulich, ja vielleicht eher zurückhaltend oder misstrauisch ist und dieser Mensch dann noch stürmisch auf den Welpen zugeht, ihn anlächelt (für den Hund bedeutet „Zähne zeigen" Aggression) und darauf besteht, mit ihm Körperkontakt zu bekommen. Bitten Sie in solch einem Fall einen Menschen mit „Hundeverstand", sich richtig – nämlich zunächst ebenso mit Zurückhaltung – mit Ihrem Hund zu beschäftigen. Er darf ihn körperlich nicht einengen, er sollte für Ihren Hund in die Hocke gehen und ihn mit Leckerli und lieben Worten für das Zutrauen loben. Hat Ihr Hund zu diesem Menschen Vertrauen aufgebaut, können sie es mit einer anderen Person versuchen usw.

Überfluten Sie Ihren Hund im Alltag nicht mit Reizen, sondern führen Sie ihn Stück für Stück gezielt an Dinge heran, wobei Sie die „Stressfaktoren" für Ihren Hund behutsam steigern sollten. Fangen Sie bei Ankunft eines Welpen in Ihrer Familie nicht sofort

Das Toben mit Artgenossen ist auch wichtig für das Selbstbewusstsein.

an, Ihr ganzes Haus zu renovieren, und laden Sie aus Besitzerstolz nicht gleich täglich Freunde ein, die Ihren Hund vor lauter Freude bestürmen. Leben Sie einfach „ganz normal"!

In kinderlosen Familien, bei denen womöglich noch eine Person ganztags und die andere Person halbtags berufstätig ist, herrschen in der Regel nicht so viele Reize wie in Familien mit Kindern, in denen der Geräuschpegel wesentlich höher ist, mehr Besuch kommt und mehr optische Reize durch Spielzeuge, Kostüme etc. vorhanden sind. Achten Sie in solch einem Fall besonders darauf, dass Sie Ihrem Hund Reize „bieten". Kommen Sie sich nicht lächerlich vor, sondern lassen Sie bewusst einmal Topfdeckel in der Küche fallen, drehen Sie ab und zu die Stereoanlage auf, rennen Sie mal durch die Wohnung, flattern Sie mal kräftig mit einer Plastiktüte usw. Ohne Kinder vergisst man gerne, sich ab und zu aktiv bemerkbar zu machen.

## Es ist bereits etwas passiert

Wie Sie schon wissen, nützt es gar nichts, den Hund zu strafen, wenn er in Ihrer Abwesenheit etwas angestellt hat, da er die Strafe mit seiner Untat nicht mehr verknüpfen kann.

Es kann z. B. sein, dass er sein Geschäft im Haus verrichtet hat, obwohl er eigentlich schon stubenrein ist. Vielleicht hat er sich ja sogar bemerkbar gemacht und es war niemand zugegen. Was also hat der Hund aus seiner Sicht falsch gemacht, wofür er bestraft werden sollte?

Ähnlich verhält es sich bei zerfressenen Pflanzen oder Zeitschriften, angenagten Möbeln oder Schuhen, vom Tisch gestohlenen Lebensmitteln, einem zerbuddelten Blumenbeet im Garten o. Ä. Dies sind alles „Delikte" aus Langeweile und Frustration, weil niemand da war, und nicht, weil der Hund böse ist! Wie bereits erwähnt, kann der Hund seine Untat mit einer Strafe nicht mehr verknüpfen. Das Timing der Strafe wäre völlig unangebracht.

Bemerken Sie jedoch, dass Ihr Hund z. B. etwas im Fang hat, was nicht für ihn bestimmt ist, nehmen Sie es ihm beherzt mit dem von Ihnen gewählten Wort (vgl. Kommandoliste) ab (z. B. „GIB AUS!"). Gibt er Ihnen den Gegenstand, wird er wieder gelobt: „Brav, Ringo!" Sträubt sich allerdings Ihr Vierbeiner, so öffnen Sie ihm mit einer Hand den Fang, indem Sie von oben über die Schnauze greifen und leichten Druck auf die Oberlefzen ausüben, und nehmen ihm mit der anderen freien Hand den Gegenstand ab. Wiederum kommt beim Ausgeben das Lob: „Brav, Ringo!"

Hunde mit extremem Beutetrieb neigen dazu, äußerst ungern Gegenstände abzugeben, die sie gerade im Fang haben. Hier kann man dem Hund auch ein Tauschgeschäft anbieten! Du gibst mir meinen Socken und bekommst dafür ein Leckerchen. Sie werden sehen, dass der Hund schnell lernt, Ihnen gerne etwas abzugeben!

Vorsicht jedoch bei Tauschgeschäften, wenn Sie später mit Ihrem Hund apportieren möchten. Ein Hund, der diese Tauschgeschäfte für das Abgeben von seiner Beute gewohnt ist, wird später eventuell seinen Apportiergegenstand vor Ihnen ausspucken, um schnell an seine Belohnung zu kommen. Beim richtigen Apportieren sollte der Hund sein Apportel jedoch so lange im Fang behalten, bis von Ihnen das Kommando zum Ausgeben kommt.

Wenn der Hund ein bestimmtes Kommando zum Ausgeben kennt, wird er später sogar auf Entfernung etwas ausspucken. Dies kann bei Spaziergängen sehr nützlich sein, da in der Natur oft die ungewöhnlichsten Dinge herumliegen!

# 2 Der Spaziergang

Auch wenn Ihr Garten noch so groß sein sollte, kein Garten reicht einem Hund aus, um seinen natürlichen Bedürfnissen nachzukommen. Primär mit seiner guten Nase „liest der Hund Zeitung", d. h., er erschnüffelt: Wer war da, wie riechst du, wer bist du? Er benötigt auf täglichen Spaziergängen die Möglichkeit, seinerseits Duftmarken abzusetzen, um andere Artgenossen zu informieren, dass er da war. Rüden strengen sich z. B. an, das Bein so hoch wie möglich zu heben, um dem nachfolgenden Hund zu signalisieren: „Guck mal, wie hoch ich im Rang stehe!" Hinzu kommt, dass ein Hund ein Lauftier ist und sich im eigenen Garten niemals die notwendige Bewegung verschafft.

Neben dem Fressen stellen die täglichen Spaziergänge mit Ihrem Vierbeiner für ihn die absoluten Highlights des Tages dar. Nach anfänglich häufigen kleineren Spaziergängen passen Sie den Rhythmus und die Länge der Spaziergänge der physischen und psychischen Belastbarkeit Ihres Hundes an. Sprechen Sie im Zweifel mit Ihrem Züchter oder mit Ihrem Tierarzt, inwieweit Sie Ihren Hund belasten können. Vorsicht: Insbesondere bei mittelgroßen bis großen Hunden sollte darauf geachtet werden, dass sie während des Wachstums nicht durch zu lange Spaziergänge überlastet werden, da die Gelenke und Bänder in der Wachstumsphase Immenses leisten müssen.

## Übungen auf dem Spaziergang

Auch wenn Sie in einer noch so ruhigen Gegend leben, nehmen Sie täglich Ihre Leine mit und beginnen Sie die ersten kleinen Lektionen für das „Bei-Fuß-Laufen". Hierzu wird der junge Hund angeleint. Vor Beginn der Leinenführigkeitsübung sollte er sich auf das Kommando „SITZ" hinsetzen. Das Sitzen ist für den jungen Hund eine der am schnellsten zu lernenden und einfachsten

Auf dem Spaziergang legt Frauchen ein paar...

...Freifolge-Übungen ein.

Übungen. Sitzt Ihr Hund, loben Sie ihn entweder kurz verbal oder tätscheln Sie ihm mit Ihrer rechten Hand die Brust. Sprechen Sie ihn mit seinem Namen an, bis er zu Ihnen hoch schaut und gehen dann beherzt mit dem linken Fuß zuerst los und sagen zeitgleich: „Ringo, FUSS!" Ziehen Sie Ihren Hund im Zweifel mit einem kleinen Leinenruck mit sich (der Leinenruck erinnert Ihren Hund an einen Nackenbiss der Mutterhündin und signalisiert: „Falsch gemacht!"). Ist er auf Ihrer linken Kniehöhe und himmelt Sie womöglich noch an, wird er verbal kräftig mit freundlicher, heller Stimme gelobt: „Feiner Hund!", „Spitze bist du!", „Toll gemacht" usw. Hat dies einigermaßen geklappt, halten Sie an und lassen den Hund wieder sitzen. Nach Ihrem Lob (zählen Sie in Gedanken bis zwei, damit der Hund alles umsetzen und Sie sich entspannen können) für das Sitzen wird er wieder abgeleint und auf Ihr Kommando hin in die Freiheit geschickt.

Wählen Sie mit Ihrem heranwachsenden Hund Routen aus, auf denen Sie viele andere Hunde treffen und lassen Sie insbesondere Ihren jungen Vierbeiner lieber uneingeschränkt mit Artgenossen spielen, als mit ihm große Wanderungen zu unternehmen, auf denen er Ihnen in monotonem Laufschritt folgen muss. Im Spiel mit anderen Artgenossen bewegt sich der Hund viel natürlicher und viel gesünder. Die Bewegungsabläufe beim Toben der Hunde

Freuen Sie sich immer, wenn Ihr Hund zu Ihnen kommt: Was gibt es Schöneres?

miteinander können wir Menschen – auch wenn wir uns noch so viel Mühe geben – dem Hund niemals bieten. Es wird gejagt, verfolgt, gekämpft u. v. m. Wenn Ihr Hund kein Interesse mehr am Spiel mit Artgenossen hat oder sich gar hinlegt, ist es Zeit für Sie, mit ihm den Heimweg anzutreten.

Akzeptieren Sie es, wenn Ihr junger Hund nicht mehr kann und fordern Sie ihn nicht zu Aktivitäten auf, die ihm zwar Spaß machen, ihn aber noch physisch überfordern. Werfen Sie z. B. in solch einem Fall keine Bälle oder Stöcke, um Ihren Hund zu bewegen. Das abrupte Abbremsen, um den Ball oder Stock zu bekommen, kann erhebliche Schäden in den Ellenbogengelenken hervorrufen (es gibt nicht nur die Hüftgelenkdysplasie/HD, sondern auch die Ellenbogengelenkdysplasie/ED).

Wer jemals vorhat, seinem Hund richtig das Apportieren beizubringen, sollte auch jetzt schon nur Gegenstände verwenden, die der Hund auch später apportieren soll!

Wenn es die Entwicklung des Hundes erlaubt und Sie ihn uneingeschränkt belasten können, wählen Sie abwechslungsreiche Touren mit Ihrem Hund. Führen Sie ihn an die verschiedensten Gelände (z. B. Wiesen, Felder, Wälder, Hügel, Gewässer etc.) und Reize (z. B. Dorf- und Stadtatmosphäre mit Menschen, Lärm etc.) heran.

Die Spaziergänge dienen dem Hund nicht nur dazu sich zu lösen, sondern stellen für ihn wichtige Lernvorgänge dar. Der Hund kann Witterungen aufnehmen („Hundezeitung lesen"), optische und akustische Reize verarbeiten, Menschen und Artgenossen treffen und vieles mehr. Ich möchte mich an dieser Stelle gerne wiederholen: Der Hund ist ein Lauftier und braucht für seine Gesundheit tägliche Bewegung – egal wie groß Ihr Garten sein sollte!

Generell gilt, dass der Hund auf dem Spaziergang auf Sie achten sollte und nicht umgekehrt! Läuft Ihr Hund Ihnen zu weit voraus, rufen Sie ihn nicht permanent. Wenn Sie z. B. Rückenwind haben, wird er Sie ständig riechen. Durch häufiges Rufen Ihrerseits verliert er die Lust am ständigen Kommen. Andererseits denkt sich der Hund: „Mein Rudelführer ist ja da, ich brauche nicht auf ihn zu achten!" Verschwinden Sie einfach mal in einem Versteck und verharren Sie dort, bis der Hund Ihr Fehlen bemerkt hat und Sie gesucht und gefunden hat. Dann sollte Ihre Freude übergroß sein. Das ist für den Hund ein tolles Spiel. Er bleibt mit Ihnen ständig in Kontakt und Sie fördern die Bindung ungemein.

Sie können auch einfach abrupt die Richtung ändern. Wenn der Hund festgestellt hat, dass die Entfernung zwischen Ihnen größer geworden ist, als er erwartet hat, und Sie obendrein noch woanders hingehen, wird er Ihnen neugierig folgen. Sie können auch einmal in die Hocke gehen und ganz interessiert so tun, als wäre da etwas Tolles auf dem Boden. Auch dies wird der Hund sehr aufregend finden und zu Ihnen kommen.

Falls Sie keinen Rückenwind haben, sondern Ihr Hund gegen den Wind voraus läuft und einmal zufällig zu Ihnen schaut, bleiben Sie nicht starr stehen. Da der Hund kurzsichtig ist und besser riechen als sehen kann, wird er Sie nur sehr schwer erkennen. Bewegen Sie sich schweigend, damit Sie Ihrem Hund helfen, Sie zu finden.

Grundsätzlich empfehle ich, einen jungen Hund in dem Moment mit dem Kommando „HIER" zu rufen, in dem er sowieso gerade freudig und schnell auf dem Weg zu einem ist (Timing!). So hat man zwei Fliegen mit einer Klappe geschlagen. Der Hund kommt mit Freude, wobei er das Kommando „HIER" erlernt und es gefestigt wird.

Bauen Sie auf Ihren täglichen Spaziergängen jetzt täglich kleine Übungslektionen ein. Lassen Sie Ihren Hund unterwegs in freier Natur ab und zu einmal sitzen. Wie zu Hause mit der Futterschüssel nehmen sie ein Leckerchen in Ihre rechte Hand zwischen Mittelfinger und Daumen, wobei Sie den Zeigefinger (wie ein Schüler, der sich im Klassenzimmer zu Wort meldet) senkrecht hochhalten. Unweigerlich wird Ihr Hund nach oben schauen. In diesem Moment führen Sie Ihre Hand weiter nach hinten und etwas nach unten über den Kopf Ihres Hundes. Auch dieser Bewegung wird er folgen und sich unweigerlich setzen. Genau in diesem Moment kommt Ihr Kommando: „SITZ!" Daraufhin bekommt der Hund seine Belohnung in Form von Leckerchen und Stimme.

Wenn Ihr Hund das Sitzen beherrscht, fangen Sie an, ihn auf Entfernung sitzen zu lassen. Optimal können sie diese Übung mit einem Helfer durchführen. Sie lassen Ihren Hund sitzen, wobei der Helfer den Hund an der Halsung festhält. Sie sagen Ihrem Hund nochmals, dass er sitzen soll, zeigen ihm ein Leckerchen in Ihrer rechten Hand und gehen rückwärts (evtl. unterstützen Sie Ihr Kommando, indem Sie Ihren rechten Arm mit erhobenem Zeigefinger nach oben strecken) ein paar Meter von ihm weg. Der Helfer hält Ihren Hund so lange fest, bis Sie ihn mit dem Kommando „Ringo, HIER" freundlich rufen. Kommt der Hund freudig auf Sie zu, wird er überschwänglich gelobt und bekommt sein Leckerchen. Verzichten Sie in diesem Stadium noch darauf, dass der Hund vor Ihnen sitzen soll – er soll erst einmal begeistert kommen. Der Hund verliert sonst eventuell schnell die Lust am Kommen, wenn er sofort wieder etwas für Sie tun soll.

Ist kein Helfer parat, lassen Sie Ihren Hund sitzen. Zeigen Sie ihm in diesem Fall kein Leckerchen, da er Ihnen sonst sicherlich hinterherläuft, was er ja jetzt nicht soll. Gehen Sie wiederum ein paar Schritte rückwärts und beobachten Sie Ihren Hund besonders gut! Sollte er Anstalten machen, Ihnen zu folgen, gehen Sie forsch mit straffer Körperhaltung und erhobenem rechten Arm und ausgestrecktem Zeigefinger wieder auf ihn zu mit dem erneuten Kommando: „SITZ!" Er fühlt sich durch Ihr forsches auf ihn zu Kommen bedroht und wird sich erstaunt wieder hinsetzen. Gehen Sie wieder (nur) ein paar Schritte rückwärts. Wenn der Hund sitzen geblieben ist, überfordern Sie ihn nicht und warten nicht allzu lange mit Ihrem Kommando „Ringo, HIER". Kommt der Hund, wird er ausgiebig belohnt.

Diese Übung „SITZ" (und Bleib!) dehnen Sie immer weiter aus, bis der Hund zuverlässig sitzen bleibt. Ich halte nichts davon, einem Hund ein Kommando wie „SITZ **und bleib**" oder „PLATZ **und bleib**" zu geben. Sitz ist SITZ und Platz ist PLATZ, bis ein neues Kommando kommt. Das Wort „BLEIB" ist für BLEIBEN reserviert. Außerdem verbirgt sich hinter diesem „... und bleib" allzu oft die eigene Unsicherheit: Der Hund wird doch wohl sitzen oder liegen bleiben?!?

Laufen Sie ab und zu auch einmal mit Ihrem angeleinten Hund „Slalom" um Baumstämme, wobei Sie ihn in den Rechtskurven aufmuntern und locken und in den Linkskurven eng an den Baumstämmen vorbeigehen. Immer wenn Ihr Hund schön auf Ihrer linken Kniehöhe läuft, kommen wieder Ihre lobenden freundlichen Worte: „Feiner Hund!", „Spitze bist du!", „Toll gemacht" usw. Sie werden sehen, der Hund wird schnell lernen, dicht neben Ihnen zu bleiben.

Der eigentliche Spaziergang sollte Ihnen und Ihrem Hund Freude bereiten. Vermeiden Sie daher – wenn Sie nicht gerade üben – die verbale Kommunikation mit Ihrem Hund, indem Sie ihn ständig rufen, ermahnen irgendwo herauszukommen oder irgend etwas sein zu lassen, wenn es nicht unbedingt notwendig ist und keine Gefahren drohen. Ein Hunderudel achtet auch nicht-verbal aufeinander, ohne sich zu verlieren. Unterschätzen Sie hierbei auch nicht die gute Nase Ihres Vierbeiners – er findet Sie in der Regel immer!

Machen Sie auf Ihren gemeinsamen Spaziergängen auch ab und zu einfach einmal eine Pause von allem! Setzen Sie sich hierzu auf eine Bank oder auf einen Baumstumpf, lassen Sie Ihre Gedanken kreisen und Ihren Hund nach Herzenslust auf einem Stöckchen nagen oder im Laub spielen. Lassen Sie sich einfach Mensch und Ihren Hund einfach mal Hund sein und genießen Sie Ihre Zweisamkeit!

## Umgang mit Artgenossen

Wenn Sie nicht gerade mit einer läufigen Hündin unterwegs sind oder ungestört mit Ihrem Hund arbeiten möchten, suchen Sie Spaziergänge, auf denen Sie anderen Hunen begegnen. Es ist äußerst wichtig für das Sozialverhalten eines jeden Hundes jeder Altersstufe, regelmäßig Kontakt zu Artgenossen zu haben.

Wenn Sie unterwegs jemanden treffen, der seinen Hund völlig unbeschwert frei herumlaufen lässt, können Sie davon ausgehen, dass die Begegnung der Hunde problemlos verläuft. Entweder begrüßen sich die Hunde kurz und gehen ihrer Wege oder aber sie kommunizieren und spielen miteinander. Beides ist sehr wichtig für die Hunde.

Kommt Ihnen hingegen ein Hundeführer mit angeleintem Hund entgegen, ist es besser, wenn Sie zunächst Ihren Vierbeiner ebenfalls anleinen. Signalisiert Ihnen Ihr Gegenüber, dass er keinerlei Interesse an Ihnen und an Ihrem Hund hat, gehen Sie einfach ganz normal weiter und lassen Sie Ihren Hund auch nicht an dem anderen schnüffeln. Wenn beide Hundeführer ihren Vierbeiner links neben sich führen, ist es ratsam, dass Sie an der anderen Person vorbeigehen. So bilden die Menschen eine Sicht- und Kontaktbarriere für die Hunde und ein reibungsloses Vorbeigehen ist einfacher möglich. Gehen allerdings die Hunde aneinander vorbei, kann es u. U. schon vorkommen, dass Imponiergehabe an den Tag gelegt wird und die Hunde sich anknurren, bellen und furchtbar an der Leine ziehen, da sie untereinander guten Sicht- und Schnupperkontakt haben können und sich an der Leine – Ihrem verlängerten Arm – umso stärker fühlen.

Bleibt Ihr Gegenüber jedoch stehen und bekundet Interesse an einem Kontakt, so schlagen Sie vor, dass entweder beide Hunde abgeleint werden und spielen können, oder aber Sie lassen nicht zu, dass die Hunde untereinander an der Leine spielen. Setzen oder legen Sie Ihren Hund dann lieber ab und unterhalten Sie sich in Ruhe mit Ihrem Gegenüber, der seinen Hund auch im Kommando haben sollte.

Es ist nichts lästiger, als wenn zwei Hundeführer sich mit angeleinten Hunden unterhalten und diese sich ineinander mit den Leinen verheddern und man sie während des Gesprächs ständig „auseinander knoten" muss. Hinzu kommt, dass an der Leine nicht gespielt wird, da dies die Unterordnung des Hundes minimiert (mehr dazu in Kapitel 5). Andererseits können arg verheddderte Leinen/Halsbänder zu Verletzungen führen oder die Hunde können in Kampfstimmung geraten, weil sie ihrem eigenen Bedürfnis, das Spiel so zu führen, wie sie es möchten, oder es aber zu beenden, nicht mehr nachkommen können.

Normalerweise gibt es bei Begegnungen zwei verschiedengeschlechtlicher Hunde keinerlei Schwierigkeiten. Auch bei gleichgeschlechtlichen Begegnungen sollten sich normal sozialisierte Hunde vertragen. Häufig gibt es allerdings mehr oder weniger kleine Machtkämpfe insbesondere zwischen Rüden, die allerdings oft schlimmer aussehen, als sie sind. Normalerweise wird kurz „abgeklärt", wer der Boss ist, und die Rüden gehen ihres Weges. Wenn es allerdings einmal zu wüst werden sollte, stellen Sie sich bloß nicht daneben und brüllen auf die Hunde ein. Diese fühlen sich in der Regel durch Ihre laute und womöglich ängstliche oder hektische Stimme noch angefeuert und bestärkt. Besser

Eine junge Hündin unterwirft sich einem ausgewachsenen Rüden.

Bewegungsabläufe wie im Spiel mit Artgenossen können wir Menschen dem Hund nicht bieten.

ist es, wenn beide Hundeführer in verschiedene Richtungen gehen und die Hunde ihren Machtkampf unter sich allein ausmachen lassen. Allein gelassene raufende Hunde verlieren meistens schnell das Interesse aneinander, da man niemandem imponieren kann oder niemanden beschützen muss.

Haben Sie einen sehr kleinen Hund, so nehmen Sie ihn unter gar keinen Umständen ängstlich auf den Arm, wenn Ihnen ein anderer, womöglich größerer Hund entgegenkommt. Solch ein auf dem Arm getragener Hund muss ja Angst bekommen und kompensiert das entweder durch furchterregendes Zittern oder durch angstbedingtes „aggressives" Knurren und Bellen. Wenn diese Erfahrung ein Hund mehrmals gemacht hat, wird er nie hundegerecht auf dem Boden mit anderen Artgenossen kommunizieren können.

Begegnen sich zwei Hunde, die sich auf Entfernung taxieren, in eine Art „Stechschritt" verfallen und vielleicht sogar noch die Nackenhaare aufrichten und die Rute extrem in die Höhe stellen, ist es ratsam, in Ruhe die Richtung zu wechseln. Wenn Ihr Hund sich neben Ihnen befindet, leinen Sie ihn an, drehen Sie um und leinen ihn nach angemessener Entfernung wieder ab. Sträubt sich Ihr angeleinter Hund mitzukommen und starrt sein Gegenüber angriffslustig an, halten Sie ihm einfach kurz die Augen zu und gehen Sie weg. Ist nämlich der Sichtkontakt zum Rivalen oder zur Rivalin abgebrochen, lässt in der Regel sofort die Kampfstimmung nach.


## Umgang mit Menschen

Insbesondere der junge, gut sozialisierte Welpe oder Junghund neigt dazu, zu allen Menschen hin zu rennen, wedelnd an ihnen zu schnüffeln und an ihnen hochzuspringen. Auch wenn es einigen Menschen, insbesondere denen, die selbst einen Hund haben, nichts ausmacht – nicht alle Menschen mögen Hunde oder sind dementsprechend gekleidet. Und manche haben sogar panische Angst vor Hunden – egal wie groß oder klein diese sind!

Äußerst beliebt bei Hunden sind Kleinkinder mit tollen Piepsstimmchen und eventuell etwas Essbarem im Händchen oder Jogger und Fahrradfahrer (die kann man so toll jagen). Auch hier heißt es, wie in Kapitel 2 gesagt: Vorbeugen ist besser als Nachbessern und Sie ersparen sich eine Menge Ärger und eventuelle Reinigungskosten.

Sie als Mensch sind größer als Ihr Hund und können demzufolge weiter sehen. Nutzen Sie Ihre „Weitsichtigkeit" aus und seien Sie im Vorfeld auf der Hut! Sehen Sie einen oder mehrere Menschen, lenken Sie die Aufmerksamkeit Ihres Hundes auf sich. Sie sollten interessanter als die anderen Menschen sein. Spielen Sie mit ihm, lassen Sie ihn sitzen (dafür bekommt er z. B. ein Leckerchen) oder üben Sie mit ihm spielerisch die Leinenführigkeit. Nur wenn der Hund nah bei Ihnen ist, haben Sie die Möglichkeit, ihn zurückzuhalten, wenn er Kontakt zu den anderen Menschen aufnehmen will. In dem Moment, in dem er zu den Personen hingehen möchte, verbieten Sie es ihm mit einem „NEIN". Sind die Leute vorbei und er macht keine Anstalten mehr, zu ihnen hin zu rennen, loben Sie Ihren Vierbeiner! Signalisieren die Menschen jedoch, dass sie Ihren Hund gerne streicheln oder gar mit ihm spielen möchten, lassen Sie es wann immer möglich zu. Der Kontakt zu freundlichen Menschen ist ebenso wichtig wie der Kontakt zu Artgenossen.

Doch Vorsicht bei angeblich erfahrenen Hundebesitzern. Viele Hundebesitzer versichern Ihnen, dass es ihnen nichts ausmacht, wenn Ihr Hund an ihnen hochspringt. „Das macht doch nichts, ich habe doch selbst einen Hund und meine Hundesachen an." Ihr Vierbeiner wird nie verstehen, dass Herr X in der Hundejacke das Anspringen duldet, ja sogar beim Junghund niedlich findet, und Frau Z im edlen Kostüm das überhaupt nicht lustig findet. Bitten Sie vielmehr gerade hundeerfahrene Menschen, Ihren Vierbeiner beim Anspringen hinunterzudrücken. Ein Hund kann sich auch auf vier Beinen freuen!

Ähnlich kann es Ihnen selbst passieren. Nach Feierabend und am Wochenende haben Sie Ihre „Hundeklamotten" an und es ist nicht weiter schlimm, wenn diese schmutzig sind oder werden. Wollen Sie jedoch mit Ihrem Hund kurz vor der Arbeit oder in der Mittagspause in Ihrer Bürogarderobe Gassi gehen, wird es selbst Sie ärgern, wenn Ihr Hund mit schmutzigen Pfoten an Ihnen hochspringt. Man kann seinem eigenen Hund z. B. „erlauben" an einem hochzuspringen, indem man es übt. Hierzu klopfen Sie sich freudig auf Ihre Brust und geben ihrem Vierbeiner ein Kommando wie „HOPP" o. Ä. Das stellt für den Hund u. a. eine spielerische Gehorsamsübung dar!

## Kommandos ohne Aussicht auf Erfolg

Ob zu Hause oder im Gelände gilt: **Geben Sie niemals ein Kommando, das sie nicht durchsetzen können!** So lernt der Hund nämlich umso schneller, dass er gar nicht tun muss, was Sie von ihm verlangen.

Insbesondere im Gelände kann man häufig beobachten, dass Frauchen/Herrchen permanent ruft, während der geliebte Vierbeiner begeistert mit Artgenossen spielt, freudig in einem Bach herumplanscht, Mauselöcher aufbuddelt o. Ä. Ist ein Hund derart vertieft in das, was er gerade tut, nützt es überhaupt nichts, seinen treuen Begleiter zu rufen – und schon gar nicht nur bei seinem Namen

Abgesehen davon, dass er hundertprozentig nicht kommen wird und Sie innerlich immer mehr Wut bekommen und sich schließlich nicht mehr freuen können, wenn er dann doch irgendwann kommt (was Sie aber immer tun sollten!), wird Ihr Hund immer „starrhöriger". Er registriert/hört, dass Sie ihn sehen, und für ihn ist die Welt in Ordnung. Mit anderen Worten: Sie achten auf Ihren Hund und nicht umgekehrt.

Holen Sie Ihren Hund dort ab, wo er gerade beschäftigt ist, leinen Sie ihn kommentarlos an und gehen Sie mit ihm fort. Nach einigen Metern leinen Sie ihn wieder auf Kommando ab.

Holen Sie Ihn jedoch ab, schimpfen ihn aus, leinen ihn an und gehen fort, wird er nie auf die nachfolgend geschilderte Art zu Ihnen kommen, weil der Hund verbindet: Ich breche mein interessantes Spiel ab mit dem Resultat, dass ich ausgeschimpft und eventuell nach Hause gebracht werde.

Versuchen Sie es einmal, indem Sie mit interessantem Getöse (freundliches Rufen, Pfeifen, Ball werfen, Herumhüpfen etc.) davonlaufen. Sie werden sehen, Sie sind dann interessanter als dass, was Ihr Hund gerade macht, und er wird kommen. Ist er auf dem

Weg zu Ihnen, rufen Sie ihn bei seinem Namen und mit Ihrem Kommando: „Ringo, HIER!" Ist Ringo bei Ihnen, freuen Sie sich wie über einen Sechser im Lotto. Der Hund wird abgeliebt, bekommt ein Leckerchen oder es wird ausgiebig mit ihm gespielt. Wie bereits erwähnt, schlagen Sie zwei Fliegen mit einer Klappe. Spielerisch lernt der Hund das Kommando „HIER" für das Kommen.

Vom Kommando „KOMM" rate ich ab, weil es auf Entfernung durch den O-Vokal nicht so weit reicht und auch nicht so freundlich gerufen werden kann. Das Wort „KOMM" fällt außerdem im Alltag sehr häufig: Komm, Autofahren! Komm, es gibt Fressen! Komm, wir gehen Gassi! usw.

Äußerst heimtückisch kann im Alltag auch ihre mangelnde Konsequenz aus Bequemlichkeit sein. Sie rufen Ihren Hund, weil es ihnen eigentlich zu lästig ist, jetzt mit Ihren frisch geputzten Halbschuhen durch die matschige Wiese zu laufen. Ringo buddelt, Sie rufen zehn Mal und denken dann: „Mist! Dann eben nicht!" und gehen weiter. Irgendwann wird Ringo wahrscheinlich zwar kommen, aber sehr schnell lernen, dass er nicht kommen muss, sondern kommen kann, wenn er möchte. Also überlegen Sie sich wirklich vorher, ob Sie Ihren Hund rufen!

Bauen Sie häufig auf Ihren Spaziergängen Bindungsspiele ein: Verstecken Sie sich immer mal wieder hinter einem Baum, Busch, Holzhaufen, einer Hecke o. Ä. und warten Sie schweigend ab, was passiert. Sie können sich auch in einen Graben oder ins hohe Gras werfen! Merkt ihr Hund, dass Sie nicht mehr da sind, wird er unvermittelt die Suche nach Ihnen beginnen. Je toller Ihr gewähltes Versteck ist, desto mehr wird er sich freuen, Sie gefunden zu haben – nicht zuletzt aus Stolz, wie toll **er** doch ist. Auch hier freuen Sie sich, als wäre Weihnachten.

Was ist schöner, als wenn der Hund ein Leben lang zuverlässig und begeistert zu seinem Menschen kommt – in **jeder** Situation?! Vermeiden Sie es generell – falls möglich – bei Ankunft Ihres Hundes, ihn sofort anzuleinen oder ihn direkt eine Übung machen zu lassen (z. B. SITZ oder FUSS laufen) – das könnte ihn demotivieren und er würde nicht mehr so gerne kommen.

# Der Hund neigt zum Weglaufen/Wildern

Ein Hund mit einer normalen und schönen Bindung an seinen Menschen läuft nicht weg! Ein Hund, der „einfach nur so" wegläuft, hat in der Regel keine Bindung an seinen Menschen. In diesem Fall können Sie nur Schritt für Schritt die Bindung zu Ihrem Hund fördern, indem Sie viele Bindungsspiele (Verstecken im eigenen Haus und Garten) einbauen, sein Vertrauen zu Ihnen vertiefen (viel mit ihm spielen) und sich draußen für den Hund interessant machen. Sie können ihn viel apportieren lassen, mit ihm Parcours (z. B. über Strohballen und um Baumstämme) laufen und ihn viel loben, wenn er artig in Ihrer Nähe bleibt.

Neigt der Hund zum Weglaufen, lassen Sie ihn über einen längeren Zeitraum an einer längeren Leine (10 bis 20 m – je nach Größe und Gewicht des Hundes) laufen, die er einfach nur hinter sich herzieht. Der Hund muss sich erst an das Mitziehen dieser Leine gewöhnen. Aus diesem Grund beginnen Sie solche Spaziergänge an der langen Leine am besten auf ebenen Wiesen, wo sich der Hund nicht (wie z. B. im Wald) verheddern kann. Halten Sie die Leine nicht in der Hand, sondern treten Sie vielmehr energisch mit einem oder (bei schwereren Hunden) mit beiden Füßen auf die Leine und geben dem Hund das Kommando zu stoppen (HALT, SITZ o. Ä.), wenn Sie ihn heranholen wollen. Anschließend holen Sie die Leine ein, bis der Hund unmittelbar vor Ihnen ist. Während des „Einholens" bekommt der Hund Ihr freundliches Kommando zum Kommen, z. B. „HIER!". Ist er da, wird er gelobt und darf sofort wieder weiterlaufen.

Auch wenn es mühsam ist: Woche für Woche können Sie einen Meter von dieser Leine abschneiden. Aus diesem Grund ist es ratsam, sich eine billige Leine in einem Baumarkt zu kaufen. Nach zehn bis 15 Wochen sollten Sie einen kleinen Rest der Leine (je nach Größe des Hundes ca. 10 bis 60 cm lang) einfach am Halsband hängen lassen. Der Hund fühlt sich noch angeleint, ohne es aber zu sein, und er hat in den letzten Wochen gelernt, immer mehr in Ihrer Nähe zu bleiben, ohne von Ihnen Druck zu bekommen oder sein Erfolgserlebnis – nämlich wegzulaufen – gehabt zu haben.

Viele Hunde haben eine sehr ausgeprägte Jagdpassion und gehen permanent Haar- oder Federwild hinterher. Aus der Sicht des

Hundes ist das absolut nicht falsch, denn es entspricht seinen ganz natürlichen Neigungen und Veranlagungen. Ist ein Hund erst einmal im „Jagdfieber", hört und sieht er nichts mehr außer seiner Beute. Endloses Geschreie oder Gepfeife nützen in diesem Fall nichts mehr. Bleiben Sie an Ort und Stelle und warten Sie auf Ihren Hund. Irgendwann kommt er in der Regel mit hängender Zunge und Sternchen in den Augen (er hat sich nämlich Endorphine, d. h. Glückshormone frei gelaufen, vergleichbar wie bei uns Menschen beim Joggen) zu Ihnen zurück und denkt: „Bin ich nicht toll?" Schimpfen nützt in diesem Fall überhaupt nichts. Sie sollten sich zähneknirschend über die Rückkehr Ihres Kameraden freuen!

Da wir aber in einer Welt leben, in der das Wildern nicht erwünscht geschweige denn erlaubt ist, kann man nur versuchen, das Jagdfieber seines Vierbeiners im Keim zu ersticken. Ist ein Hund nämlich erst einmal auf den Geschmack gekommen und hat mehrere Erfolgserlebnisse gehabt, wird sich dieses Verhalten immer mehr bei ihm festigen.

Hat Ihr Hund einen ausgeprägten Jagdtrieb, können Sie z. B. über die Unterordnung versuchen, den Hund im Kommando zu halten, was sich aber insbesondere bei einem noch nicht so gut ausgebildeten Junghund als sehr schwierig erweisen kann. Bei einem Hund mit solch einer Neigung müssen Sie auf Ihren Spaziergängen äußerst vorausschauend sein und versuchen, Ihren Vierbeiner ständig im Blick zu haben. Beim kleinsten Anzeichen dafür, dass er eine Witterung aufnimmt, stoppen Sie Ihren Hund und rufen Sie ihn zu sich.

Gelingt dies jedoch nicht zuverlässig, können Sie sich eine Wurfkette mitnehmen. Kaufen Sie sich im Baumarkt je nach Größe des Hundes ein mehr oder weniger langes Stück Kette (z. B. solche, an denen man Blumenampeln aufhängen kann). Haben Sie den Eindruck, dass Ihr Hund auf dem „Sprung" ist, werfen Sie energisch die Kette nach ihm. In der Regel erschrickt der Hund beim Aufprall der Kette, schaut verdutzt zu Herrchen oder Frauchen und lässt von seiner Idee zu jagen ab. Sofort müssen Sie Ihren Hund dann rufen und für sein Kommen loben.

Der Einsatz der Wurfkette macht jedoch nur Sinn, wenn Sie gut werfen können und der Hund in Wurfnähe ist. Landet die Kette

z. B. im Baum, wird der Hund freudig seiner Beute nachrennen und nicht im Geringsten von Ihrem Wurf beeindruckt sein. Sind Sie hingegen geschickt im Umgang mit der Kette, wird der Hund nach ein paar Treffern allein vom klimpernden Geräusch der Kette beeindruckt sein und innehalten.

Auch bei einem Hund, der gerne wildert, können Sie die lange Leine (s. o.) einsetzen. Die Mühe lohnt sich, denn die Sekunden oder Minuten, in denen Ihr Hund verschwunden ist, können zur Ewigkeit werden. In dieser „Ewigkeit" kann auch Einiges geschehen: Der Hund kann über eine Straße rennen oder gar erschossen werden. Und was nützt die heftigste Diskussion mit einem Jäger, wenn Ihr Hund bereits tot ist!

Verlieren Sie auf keinen Fall die Nerven und verlassen Sie nicht die Stelle, an der Ihr Hund Sie verlassen hat. Wenn es allerdings notwendig sein sollte, dass Sie weggehen müssen, legen Sie ein Kleidungsstück an diese Stelle. Der Hund wird voraussichtlich dann dort auf Sie warten.

Eine gute Übung im eigenen Garten kann auch der Einsatz einer so genannten „Reizangel" sein. Dies ist ein etwa 3 Meter langer Stab, an dem eine ca. 2 Meter lange Schnur befestigt wird. An das Schnurende bindet man einen Gegenstand, der vorzugsweise mit einem Stück Fell (Kaninchen o. Ä.) umwickelt wird. Nun reizt man den Hund mit der Angel, indem man die „Beute" in kreisenden Bewegungen und hüpfend vor der Nase des Hundes hin und her schwenkt. Ist der Hund ganz wild auf die Beute, hebt man die Angel an, so dass die Beute über dem Kopf des Hundes hängt, und gibt gleichzeitig sein Kommando, um den Hund zu stoppen, z. B. „SITZ". Diese Übung macht nicht nur Spaß und fördert die Schnelligkeit, Kondition und Konzentration des Hundes, sondern festigt beim Hund, dass er sich auf Entfernung trotz einer Beute stoppen lässt.

Vom Einsatz eines so genannten Teletakt-Gerätes (der Führer kann auf eine Entfernung von bis zu ca. 300 m dem Hund einen elektrischen Schlag versetzen) rate ich ab, da der Einsatz dieser Geräte viel Erfahrung voraussetzt und in der Regel nur von Fachleuten beherrscht wird.

# Gefahren auf dem Spaziergang

So schön Spaziergänge sind und auch sein sollten, es gibt auch leider sehr unangenehme, alltäglich Dinge, die Sie beachten müssen.

Seien Sie auf der Hut in Gegenden, die landwirtschaftlich genutzt werden. Zu bestimmten Jahreszeiten sind die Äcker häufig mit Kunstdünger gespritzt, was für den Hund äußerst gefährlich sein kann. Bei einer eventuellen Vergiftung wenden Sie sich direkt an Ihren Tierarzt. Eine Vergiftung kann sich durch Erbrechen, blutige Durchfälle und Apathie äußern. Kontrollieren Sie das Zahnfleisch Ihres Hundes (falls es nicht schwarz ist), indem Sie kräftig mit einem Finger darauf drücken. Bei einem gesunden Hund kehrt die normale Zahnfleischfarbe unmittelbar, nachdem Sie den Finger weggezogen haben, wieder zurück.

Ebenso ist Vorsicht auf Autobahnrastplätzen geboten. Auf längeren Fahrten ist es sehr verlockend, den Hund sich mal kurz auf einem Rastplatz lösen zu lassen. Abgesehen von Blechdosen und Glasscherben, die oft in Papierkorbnähe herumliegen, ist häufig auch Gift z. B. gegen Ratten ausgelegt. Vermeiden Sie diese Gefahren, indem Sie an einer normalen Ausfahrt abfahren und sich eine geeignete Stelle für einen kurzen Spaziergang suchen, der übrigens Ihnen beiden guttut.

Werfen Sie keine Stöcke für Ihren Hund – egal wie alt er ist. Das mag Ihnen und Ihrem Hund zwar ungemeinen Spaß bereiten, kann aber verheerend enden. Es wurde schon manch ein Hund schwer verletzt, der einem vom Herrchen geworfenen Stock hinterherrannte und von diesem aufgespießt wurde, weil er plötzlich im Boden steckenblieb. Außerdem könnte Ihr Hund schneller als der von Ihnen geworfene Stock sein und von selbigem getroffen werden. In diesem Fall verbindet der Hund etwas Negatives mit Ihnen, wenn Sie einen Gegenstand werfen.

Auch das Werfen von Schneebällen macht dem Hund zwar sehr viel Spaß, kann ihn aber frustrieren, da er seine Beute niemals richtig bekommt. Hinzu kommt, dass Schnee im Magen des Hundes Magenschleimhautentzündungen hervorrufen kann.

Für viele Hunde ist Wasser etwas ganz Tolles. Vorsicht jedoch insbesondere an Bächen oder in Uferbereichen von Badeseen. Es ist kaum zu glauben, was wir Menschen in der Natur so hinterlassen – es wimmelt oft nur so von Scherben, an denen sich der Hund verheerende Pfotenverletzungen zuziehen kann.

Lassen Sie Ihren Hund niemals mit seinem Halsband ins Wasser. Verfängt sich der Hund mit seinen Vorderläufen bei einer Paddelbewegung in der Halsung, kann er in Panik geraten und im schlimmsten Fall sogar ertrinken. Außerdem kann er insbesondere im Uferbereich im Gestrüpp hängen bleiben und sich verletzen.

## Umgang mit Umweltreizen: Der Stadtspaziergang

Ein junger Hund, der regelmäßig nach draußen kommt, bekommt in der Regel schon bereits im eigenen Garten sehr viele natürliche Umweltreize mit. Hierzu gehören u. a. Wind, fliegende Blätter, Gerüche, Vogelgezwitscher u. v. m. Je nachdem, wo man wohnt, nimmt der Hund auch einige Umweltgeräusche wie Motorgeräusche von Traktoren, Pkw, Lkw, Mopeds, Autotüren und -hupen, Flugzeuglärm, Kindergeschrei usw. bereits im eigenen Garten wahr. Ein guter Züchter wird Ihren Hund bereits nicht nur an akustische, sondern auch an diverse optische Reize wie Folien, Flatterbänder, Krabbeltunnel, Eimer, Regenschirme, große Stofftiere etc. gewöhnt haben.

Wenn der Hund physisch und psychisch dazu in der Lage ist, etwa 20 bis 30 Minuten mit Ihnen einigermaßen gesittet an der Leine zu laufen, beginnen Sie damit, ihn an Orte mitzunehmen, wo viel Verkehr und reges Treiben herrscht. Fangen Sie mit Stadtrandgebieten oder kleinen Ortschaften an und steigern Sie den Grad der Ablenkung bei Ihren Unternehmungen allmählich. Überfluten Sie Ihren Vierbeiner nicht mit Reizen, indem Sie ihn quasi aus Ihrem Garten direkt mit zum Flughafen oder Bahnhof nehmen.

Beginnen Sie, kurze Strecken mit Ihrem Hund auf dem Bürgersteig zu laufen und gehen Sie dabei den anderen Verkehrsteilnehmern entgegen. So kann der Hund auch optisch wahrnehmen, was ihm da entgegenkommt. Beginnen Sie also niemals, mit Ihrem Hund in Fahrtrichtung mit dem Verkehr zu laufen. Es ist äußerst unangenehm für Ihren noch unerfahrenen Hund, wenn

Ob eine Treppe hinauf...

urplötzlich von hinten ein Lkw mit Getöse an ihm vorbeibraust. Gehen Sie also ganz entspannt mit Ihrem Hund dem Verkehr entgegen und tun Sie so, als sei überhaupt nichts Besonderes los. Lenken Sie auch nicht unbedingt die Aufmerksamkeit Ihres Hundes nur auf sich, denn er soll ja schließlich mitbekommen, was sich im Verkehr so abspielt. Bleiben Sie ruhig einmal stehen und lassen Ihren Hund sitzen und dem Verkehr eine Weile zuschauen.

Zeigt Ihr Hund jedoch Unbehagen oder gar Angst, trösten Sie ihn nicht durch Streicheln oder bemitleidende Worte wie „Ach, du armer Hund, es ist doch halb so schlimm!". Wie bereits beim

... oder hinunter, der gut erzogene Hund zieht niemals auf einer Treppe!

Thema unerwünschtes Bellen erwähnt, fühlt sich der Hund in seiner Angst nur bestätigt und verstärkt. Muntern Sie ihn vielmehr durch Ihre lockere Körperhaltung und Stimme auf: „Schau mal, Ringo, tolles Auto!" Sobald sich Ihr Hund beruhigt und entspannt hat, loben Sie ihn.

Die Hündin Jule wartet brav, bis es Grün wird.

Beim Überqueren von Straßen bestehen Sie von Anfang an darauf, dass sich Ihr Hund an Bordsteinkanten hinsetzt und mit Ihnen eine Weile wartet, damit Sie sich in aller Ruhe davon überzeugen können, dass das Überqueren der Straße für Sie und Ihren Vierbeiner gefahrlos erfolgen kann. Während des Wartens an der Bordsteinkante hat der Hund außerdem die Möglichkeit, sich zwar konzentriert, aber dennoch entspannt an Ihrer Seite mit dem Verkehrsgeschehen zu beschäftigen und daran zu gewöhnen.

Suchen Sie Treppen und gehen Sie diese gesittet mit dem Hund auf Ihrer linken Seite hinauf und hinab. Ein erzogener Hund sollte nie auf einer Treppe – sei es hinauf oder hinunter – ziehen. Das kann mitunter auf glatten Treppen oder auf Schnee und Eis äußerst gefährlich werden. Halten Sie hierzu beim Hinauf- oder Hinabgehen Ihrem Hund schützend die linke Hand vor sein Gesicht, um ihm zu zeigen, dass er entweder neben Ihnen oder sogar etwas hinter Ihnen zu laufen hat. Das gilt übrigens auch im Alltag im Haus. Der Ranghöhere geht immer vor dem Rangniedrigeren hinauf, hinunter oder auch durch Engpässe (Türen oder dergleichen).

Bieten Sie Ihrem Hund Schritt für Schritt mehr und mehr Reize. Wenn er z. B. entgegenkommende Autos gelassen akzeptiert, gehen Sie mit ihm auch ab und zu mit dem Verkehrsfluss. Überqueren Sie zunächst weniger, dann stärker befahrene Straßen, führen Ihn an scheppernde Einkaufswagen, Mülltonnen, parkende Motorräder usw. heran. Wann immer Ihr Hund skeptisch oder sehr zurückhaltend reagiert, meiden Sie die Reizquelle nicht, sondern gehen Sie mit Ihrem Hund hin, muntern Sie ihn auf und lassen ihn an dem Objekt schnüffeln. Tut er dies, wird er gelobt.

Suchen Sie Fußgängerzonen auf, in denen viele Verlockungen, Ablenkungen und Verführungen auf Ihren Vierbeiner warten: Ständer mit Kleidungsstücken, die im Wind flattern, Straßenmusikanten, Kinderwagen, reflektierende Schaufenster, Mütter mit Kinderwagen, Inline-Skater, Tauben usw. Alles sollte Ihr Vierbeiner kennen lernen. Gehen Sie jedoch nur mit Ihrem Hund angeleint durch Ortschaften und Städte, in denen sowieso in der Regel Leinenzwang besteht. Man sollte sich nicht beweisen müssen, wie toll der Hund doch ohne Leine zurecht kommt. Ein kreischendes Kind, eine Katze oder eine läufige Hündin auf der anderen Straßenseite, ein Schreckmoment des Hundes o. Ä. kann dazu führen, dass der sonst so gut folgende Hund urplötzlich die Straße überquert! Außerdem liegen auf den Straßen oft Dinge wie Lebensmittelreste herum, die der unangeleinte Hund aufnehmen kann.

Die Stadt bietet vielerlei Möglichkeiten im Alltag, mit Ihrem Vierbeiner zu üben. Legen Sie Ihren Vierbeiner einmal vor einer Eisdiele ab und kaufen Sie sich ein Eis. Anschließend lassen Sie Ihren Hund so lange neben sich sitzen, bis Sie Ihr Eis aufgegessen haben. Wenn er artig sitzen geblieben ist (wenn möglich ohne zu Betteln), wird er gelobt und bekommt als Gegenleistung sein Leckerchen. Anschließend geht es weiter durch das städtische Abenteuer.

94

Ein Stadtspaziergang in der Gruppe ist eine gute Übung.

Gehen Sie dicht an Schaufenstern vorbei, vor denen Licht-schächte im Bürgersteig sind. Kein Hund geht gerne oder freiwillig über ein Gitterrost. Locken Sie Ihren Hund freundlich darüber, gegebenenfalls mit Hilfe eines Leckerbissens. Zwingen Sie ihn nicht mit Gewalt – er soll Ihnen vertrauen. Sie werden sehen, wie stolz Ihr Vierbeiner ist, wenn er seine Angst überwunden hat und als Lob dafür einen Leckerbissen von Ihnen bekommt. Vertraut Ihr Hund Ihnen und geht über solche Lichtschächte, su-chen Sie ruhig mal eine so genannte Feuerleiter (oftmals an Park-häusern, Krankenhäusern, Schulen o. Ä. zu finden). Auch hier soll-te ein Hund, der Vertrauen zu seinem Menschen hat, hinauf- und hinunterlaufen können. Das fördert ungemein das Selbstbewusst-sein des Hundes und die Bindung zu Ihnen.

Laufen Sie auch einmal wie im Gelände um Bäume in der Stadt um Hindernisse „Slalom" (z. B. Fahrradständer, Blumenkübel). Be-ginnen Sie auch hier am ersten Hindernis, indem Sie Ihren Hund sitzen lassen. Anschließend gehen Sie auf das Kommando „FUSS" sofort los und starten dabei mit dem linken Fuß (im Zweifel wieder ein kurzer Leinenruck)! Sagen Sie nicht „FUSS" und zeigen sekundenlange Unsicherheit, wenn Ihr Hund nicht sofort starten möchte. „FUSS" heißt bei Fuß zu gehen, und zwar sofort! Läuft er schön auf Ihrer linken Kniehöhe, loben Sie ihn und bleiben zwischendurch auch ab und zu stehen. In dem Moment, wenn Sie stehen bleiben, kommt Ihr Kommando „SITZ" mit Leckerchen und erhobenem Zeigefinger. Wiederholen Sie die Übung drei- bis viermal. Anschließend gehen Sie wieder eine Weile geradeaus.

Vielleicht treffen Sie ja einmal auf Ihrem Stadtspaziergang ein bekanntes Gesicht. Gehen Sie auf Ihren Bekannten oder Ihre Bekannte zu und lassen zunächst Ihren Hund gesittet neben sich sitzen. Dann wird der Mensch per Handschlag von Ihnen begrüßt. Geben Sie nicht auf, der junge Hund wird insbesondere aufgrund Ihrer Begrüßungsgeste versuchen aufzustehen, hochzuspringen, ja sich einzumischen – er möchte im Mittelpunkt stehen. Bestehen Sie so lange darauf, dass der Hund sitzt, bis Sie Ihr Gegenüber ungestört begrüßen können. Erst dann darf der bekannte Mensch den Hund begrüßen.

Eine Steigerung der soeben beschriebenen Übung ist natürlich, wenn Sie jemanden treffen, der ebenfalls einen Hund mit sich führt. Auch in diesem Fall gehen Sie direkt auf den Menschen zu, wobei jeder seinen Hund an der linken Seite führen sollte und somit die Menschen zwischen den Hunden stehen. Lassen Sie Ihren Hund zunächst wieder ordentlich neben Ihnen sitzen und fordern Sie Ihr Gegenüber auf, seinen Hund ebenfalls sitzen zu lassen. Anfänglich gestalten sich solche Begegnungen oft als sehr mühsam, weil sich die Hunde natürlich auch begrüßen möchten. Bestehen Sie jedoch darauf, dass beide Hunde erst gesittet sitzen und sich dann die Menschen per Handschlag begrüßen. Der Hund muss lernen, dass er eine kleine Stufe unter dem Menschen steht!

Wenn Sie und Ihr Hund ein sicheres Gespann geworden sind, d. h. unbekümmert und gesittet durch die Stadt laufen können, suchen Sie für sich und Ihren Hund neue Herausforderungen. Gehen Sie mit Ihrem Hund ab und zu einmal auf einen Bahnhof oder zum Flughafen. Auch ein Einkaufszentrum könnte auf dem Programm stehen. Hier lernt der Hund nicht nur Menschenansammlungen sowie optische und akustische Reize kennen, sondern er lernt auch, auf einem glatten Boden zu laufen (das ist eine gute Übung für eventuelle Ausstellungen).

Vielleicht fragen Sie sich jetzt, was das alles mit Erziehung zu tun hat. Alles, aber wirklich alles, was Sie gemeinsam mit Ihrem Hund unternehmen, festigt die gegenseitige Bindung, das Vertrauen und liefert Ihnen beiden positive Erfolge, an denen beide lernen. Wenn all diese alltäglichen Dinge reibungslos klappen, haben Sie die allerbeste Basis für eine harmonische und dauerhafte Erziehung.

## Hund und Fahrrad oder Pferd

Die Voraussetzung dafür, einen Hund auf Fahrradtouren oder beim Reiten mitzunehmen, ist, dass er Ihnen im wahrsten Sinne des Wortes „folgt" . Wenn der Hund folgt, kommt es nicht unbedingt darauf an, dass er links neben seinem Führer läuft. Gemeint ist damit vielmehr, dass er in optischer und akustischer Nähe zu seinem Menschen bleibt und sich selbst darum kümmert, ihn nicht zu verlieren, ohne dass sein zweibeiniger Kamerad ständig Kontakt aufnimmt und/oder korrigiert.

Ganz wichtig ist es für die Sicherheit des Hundes und die Sicherheit von anderen Menschen und Tieren, dass sich Ihr Hund auf Entfernung von Ihnen akustisch, d. h. durch Ihre Stimme oder aber durch die Pfeife, stoppen lässt. Nur so ist es für Sie und Ihren Begleiter angenehm, gemeinsame Touren mit Fahrrad oder zu Pferd zu unternehmen. Es können immer Situationen auftreten, in denen der Hund weit von Ihnen entfernt ist und es erforderlich ist, dass er sich auf Ihr Kommando hin zuverlässig setzt oder hinlegt, um andere weder zu erschrecken noch in Gefahr zu bringen.

### Der Hund am Fahrrad

Es ist sinnvoll seinen Hund – anders als beim Fuß-Gehen – am Fahrrad auf der rechten Seite laufen zu lassen. Hintergrund ist der, dass man seinen eigenen Hund durch sein Fahrrad vor dem gefährlichen Straßenverkehr schützt, weil man ja mit dem Fließverkehr auf der rechten Seite im Straßenverkehr teilnimmt, währenddessen man als Fußgänger, wenn der Hund auf der linken Seite läuft, dem Verkehr entgegen geht und ihn somit abschirmt. Es kann immer einen schreckhaften Moment für den Hund geben, in dem er urplötzlich ausbricht, über die Straße läuft oder einen selbst vom Fahrrad stößt!

Im Fachhandel gibt es so genannte „Fahrradhilfen", die rechts an der Hinterachse des Rades befestigt werden und an denen man den Hund anleinen kann. Selbst wenn ein Hund an einer solchen „Fahrradhilfe" läuft, können Situationen auftreten, in denen der Hund entweder ins eigene Fahrrad läuft, sich verletzt und ein für allemal Furcht vor dem Fahrrad hat oder aber Sie selbst zu Sturz bringt. Selbst ein Hund von nur 15 Kilogramm kann böse Unfälle verursachen, wenn er plötzlich an der Fahrradhilfe ausbricht.

Nun dazu, wie man seine Hund an das Fahrrad gewöhnt. Zunächst einmal sollte Ihr Hund Ihr Fahrrad kennen lernen und keine Angst vor ihm haben. Nehmen Sie es zunächst einfach ein paarmal wie selbstverständlich auf Spaziergängen mit und lassen Sie Ihren Hund daran schnüffeln, bis er es als Selbstverständlichkeit auf Ihren Ausflügen akzeptiert. Wenn das der Fall ist, fangen Sie in kleinen Schritten auf einem gefahrlosen Weg an, mit Ihrem Hund zu üben.

Wie bei dem Fuß-Laufen fangen Sie in kleinen Schritten damit an, den Hund rechts am Fahrrad laufen zu lassen (Voraussetzung hierfür ist allerdings, dass der Hund bereits ausgebildet ist, d. h. links „FUSS" laufen kann). Zunächst schieben Sie das Fahrrad, führen den angeleinten Hund hierzu auf der rechten Seite und überlegen sich ein anderes Kommando hierfür: z. B. „RECHTS" oder „RAD".

Nehmen Sie das Fahrrad auf Ihre rechte Seite und halten Sie Ihren Hund an der rechten Seite des Fahrrades, das nun zwischen Ihnen und Ihrem Hund ist, angeleint in Grundstellung, d. h. Ihr Hund sitzt!

Auf das von Ihnen gewählte Kommando, z. B. „RAD", schieben Sie los und gehen mit Ihrem Rad-Hund-Gespann zunächst nur ein paar Meter geradeaus und halten dann an mit dem Kommando „SITZ". Wenn der Hund sitzt, wird er per Stimme (das Fahrrad ist ja zwischen uns) gelobt. Der Hund weiß ja schon, dass er beim Anhalten zu Fuß sitzen bleiben muss, jedoch weiß er noch nicht,

Gemeinsame Radtouren machen Mensch und Hund riesig Spaß!

dass dies auch für das Fahrrad gilt. Wir schieben erneut weiter mit dem Kommando „RAD". Das Loben des Hundes kann am Fahrrad nur per Stimme erfolgen, da zwischen Ihnen und dem Hund ja stets das Rad ist – also achten Sie besonders bei den Fahrradübungen auf exaktes Timing sowie angemessenes und freundliches Lob. Sie können Ihren Hund also nicht physisch loben, indem Sie ihn tätscheln oder streicheln und Sie können ihm auch keinen Leckerbissen verabreichen.

Klappen das Geradeauslaufen und Anhalten mit dem Fahrrad und haben Sie den Eindruck, dass der Hund das „Am-Rad-Laufen" als angenehm empfindet und beherrscht, beginnen Sie mit den ersten Richtungswechseln. Hierzu schieben Sie zunächst wieder geradeaus und üben dann mit dem Kommando „RAD" die Linkskurven, damit der Hund nicht vom Fahrrad abgedrängt werden muss. In dem Moment, in dem Sie vorsichtig und langsam mit Ihrem Fahrrad nicht sofort 90 Grad, sondern eher einen größeren sanfteren Bogen nach links schieben, müssen Sie Ihren Hund per Stimme dazu motivieren, Ihnen bzw. dem Fahrrad auf der rechten

Seite zu folgen. Nach erfolgter Linkskurve bleiben Sie nach ein paar Schritten stehen und Ihr Hund wird – wenn er rechts neben Ihrem Fahrrad sitzt – per Stimme gelobt. Diese Übung wird täglich wiederholt und die Kurven des Linksabbiegens sollten allmählich immer enger werden, bis alles zuverlässig klappt und der Hund verinnerlicht hat, stets auf der rechten Seite zu bleiben.

Erst dann gehen Sie zu den schwierigeren Rechtskurven über. Sie beginnen erneut in der Grundstellung: Der Hund sitzt rechts neben dem Fahrrad. In dem Moment, in dem Sie losschieben, kommt zeitgleich das Kommando „RAD" und Sie gehen ein paar Meter geradeaus. Auf das Kommando „RAD" schieben Sie das Fahrrad in einem recht großen Bogen (noch größer als beim Linksabbiegen) nach rechts. Sie werden sehen, dass der Hund versuchen wird, nach rechts abzudrängen. Nun sind Sie gefordert, den Hund zu beruhigen und stets zu loben, wenn er Sie vertrauensvoll anschaut.

Bei den Linkswendungen zu Fuß kann man seinen Hund mit dem Unterschenkel oder mit dem Knie physisch in die richtige Richtung drängen. Beim Fahrrad sollte man jedoch tunlichst bei den Rechtskurven vermeiden, dass der Hund mit dem Fahrrad in Berührung kommt. Er kann sich hierbei weh tun und den Spaß am Fahrrad verlieren. Verringern Sie den Winkel der Rechtskurven ganz behutsam und gehen Sie keine Risiken ein.

Erst wenn all diese Übungen – nämlich Grundstellung, Geradeauslaufen, Anhalten, Richtungswechsel nach links und nach rechts mit dem Fahrrad, das Sie ausschließlich schieben – funktionieren, fangen Sie behutsam und nach wie vor in gefahrlosen Gegenden an, mit dem Fahrrad zu fahren. Der Hund läuft angeleint an Ihrer Seite neben dem Fahrrad – binden Sie jedoch die Leine nicht an den Fahrradlenker, sondern nehmen Sie sie lose in die Hand, damit Sie notfalls sofort loslassen können und somit Stürze vermeiden. Nutzen Sie die Möglichkeit, an einer Mauer, einem Zaun oder an einer Hecke entlang zu fahren, um zu vermeiden, dass Ihr Hund nach rechts ausbrechen kann. Bedienen Sie sich insbesondere auch bei den Richtungswechseln zunächst solcher Hilfen. Das gibt Ihnen und Ihrem Hund Sicherheit. Erst wenn auch dies alles klappt, können Sie beginnen, auf wenig befahrenen Straßen zu üben.

Es ist reine Gefühlssache und hängt vom Vertrauen zwischen Ihnen und Ihrem Hund ab, ob Sie wirklich im Stadtverkehr mit Ihrem Hund am Fahrrad teilnehmen wollen. Wichtig ist hierbei stets die Sicherheit aller Beteiligten!

Falls Sie sich und Ihrem Hund jedoch die „Übungsstrapazen", rechts neben dem Fahrrad zu laufen, um im Stadtverkehr teilzunehmen, ersparen wollen und es vorziehen, in freier Natur mit Ihrem Hund zu radeln, genügt es voll und ganz, wenn der Hund in Ihrem Kommando steht und Ihnen sicher folgt. Die Hauptsache ist, dass Sie ihn entweder zuverlässig zu sich rufen oder auf Entfernung stoppen können.

Generell sollte die Bewegung und/oder Fortbewegung des Hundes am Fahrrad beiden Freude bereiten und damit ist gemeint, dass Sie – egal wo und egal ob mit oder ohne Leine oder Fahrradhilfe – nicht stur Ihre Kilometer „herunterradeln". Auch wenn ein kurzer Sprint für das Herz-Kreislauf-System für Mensch und Hund gesund ist: Der Hund braucht Pausen, um Witterungen aufzunehmen und sich zu lösen.

### Der Hund als Begleiter beim Reiten

Ähnlich wie das Üben mit dem Fahrrad sollte man vorgehen, wenn man vorhat, den Hund beim Reiten mitzunehmen. Anfänglich gewöhnt man den Hund an das Pferd und umgekehrt! Hierzu führt man am besten erst einmal das Pferd spazieren, wobei sich das Mitnehmen des Hundes hierbei einfacher gestaltet als das Mitnehmen am Fahrrad, da man das Pferd rechts neben sich führt und somit den Hund – wie gewohnt – an der linken Seite laufen lassen kann. Da man mit dem Pferd im Allgemeinen im offenen Gelände reitet, ist man auch nicht gezwungen, seinen Hund gegen eventuellen Straßenverkehr zu schützen. Das exakte „Bei-Pferd-Gehen" ist demzufolge nicht so wichtig bzw. gar nicht empfehlenswert, da es sich bei beiden (Hund und Pferd) um Lebewesen handelt. Nicht auszudenken, was passieren könnte, wenn sich beide Tiere gleichzeitig vor etwas erschrecken.

Legen Sie also hauptsächlich Wert darauf, dass sich beide aneinander gewöhnen. Unternehmen Sie Ausritte mit Ihrem Hund erst dann, wenn **alle Beteiligten** sicher sind! Nämlich erst, wenn

Sie ein(e) gute(r) Reiter(in) sind, das Pferd geländesicher ist und Ihr Hund Ihnen folgt! Zum Tempo Ihres Ausrittes kann ich mich nur wiederholen: kurze Sprints ja, aber genügend langsame Strecken zum Erholen und für den Hund zum Lösen und „Nachrichten lesen". Ansonsten kann man solche Unternehmungen in freier Natur einfach gemeinsam genießen!

# 3 Welpenspieltage

## Was sind Welpenspieltage?

Welpenspieltage sind von Fachleuten organisierte Treffen von Welpen mit ähnlichem biologischen Alter und fördern nicht nur die Entwicklung Ihres Hundes, sondern geben Ihnen auch mehr Sicherheit, da Sie mit Gleichgesinnten „fachsimpeln" und sich bei Fachleuten „rund um Ihren Hund" erkundigen können. Nicht nur Ihr Welpe muss lernen, sondern auch Sie!

Das Mindestalter der Hunde zur Teilnahme an den Welpenspieltagen beträgt acht Wochen. Bis zur 16. Lebenswoche können die Welpen daran teilnehmen. Welpenspieltage sollten ein- bis maximal zweimal pro Woche stattfinden und ca. 1 ½ Stunden dauern. Wenn Sie Ihren Welpen frisch ins Haus geholt haben, gehen Sie bitte nicht einen Tag später zu einem Welpenspieltag. Gönnen Sie sich und Ihrem Hund etwa eine Woche gegenseitige Gewöhnung aneinander, d. h., bauen Sie eine erste Bindung zu Ihrem Hund auf und lassen Sie Ihrem neuen Familienmitglied erst einmal ein paar Tage Zeit, sich auch an sein neues Heim zu gewöhnen.

Welpenspieltage erleichtern dem Welpen die Umgewöhnung, die er durch die Trennung von seiner Mutter und seinen Wurfgeschwistern durchleben muss, um sich in seiner neuen Welt mit vorwiegend Menschen und Artgenossen jeden Alters und jeden Geschlechts zurechtzufinden. Auch für die neuen, in erster Linie Ersthundebesitzer ist die Welpenzeit eine sehr große Verantwortung und sehr wichtige Phase.

Im Vordergrund der Welpenspieltage steht das spielerische Lernen der Hunde, nicht nur untereinander, sondern auch mit anderen Menschen. In dieser Phase hat auch der neue Besitzer den größten Informationsbedarf, da er zwar einerseits sehr bemüht ist, seinen Welpen auf den richtigen Weg zu bringen, andererseits durch Unkenntnis noch sehr unsicher im Umgang mit seinem und mit anderen Vierbeinern ist. Bei solchen Treffen lernt der Mensch die Körpersprache des Hundes kennen und erfährt von fachkundigen Kursleitern etwas über Verhaltensweisen und Sozialleben der Hunde. Er kann die Gesten für Spielaufforderung, Angriffslust, Dominanz, Unterordnung, Sicherheit, Unsicherheit, Unerschrockenheit, Ängstlichkeit, Beutetrieb oder Bringtrieb direkt vor Ort beobachten.

Achten Sie bei der Teilnahme an Welpenspieltagen darauf, dass der Trainer oder Übungsleiter die Welpen nicht mit Reizen überflutet oder gar extreme Übungs- oder gar „Dressur"-Einheiten verlangt. Solch eine Überforderung der Hunde insbesondere in dieser sensiblen Phase, in der der Hund am schnellsten und am meisten lernt, kann schlimme, kaum wieder gut zu machende Folgen haben. In diesem Fall bleiben Sie besser einer solchen Veranstaltung fern und treffen sich einfach regelmäßig mit anderen Welpenbesitzern oder mit Hundebesitzern beim Spaziergang.

Zu einem harmonischen Welpentreffen gehört natürlich auch, dass der Übungsleiter nicht nur gut mit den Hunden umgeht, sondern sich auch auf die menschlichen Teilnehmer einstellen kann. Schnell merkt man bei gezielten Fragen, ob es sich um eine kompetente, freundliche und geduldige Person handelt oder eher um jemanden, der sich profilieren möchte, nicht über das nötige Wissen verfügt und (ganz schlimm!) nur den finanziellen Nutzen im Vordergrund sieht. Im Gegenteil, ein guter Übungsleiter sollte Ihnen sogar so viel vermitteln, dass Sie guten Gewissens und voller Zuversicht in die Zukunft mit Ihrem Hund schauen. Er sollte Sie auf für Sie und Ihren Hund geeignete weiterführende Beschäftigungs- oder Ausbildungsmöglichkeiten hinweisen. Und vielleicht weckt er ja auch Ihr Interesse am Ausstellungswesen.

Optimal wäre es, dass Sie einmal zu solch einem Welpenspieltag gehen, bevor Sie sich überhaupt einen Welpen anschaffen. Wenn man erst einmal einen Welpen im Haus hat, hat man in aller Regel alle Hände voll zu tun und es bleibt kaum noch Zeit – die ja für frisch gebackene Welpenbesitzer bis zur 16. Lebenswoche des Hundes wie im Flug vergeht –, um sich gewissenhaft zu informieren.

Zu einem charakterfesten Hund gehört nicht nur die liebevolle Aufzucht und Haltung, sondern es muss ihm auch die Gelegenheit geboten werden, sich fröhlich sozialisieren zu können. Manch einer von Ihnen hat seine Kinder sicherlich auch in den Kindergarten gebracht, damit sie sich normal entwickeln und aufwachsen können. Danach kommt die Schule – in etwa vergleichbar mit der späteren Begleithundeausbildung des Hundes.

Im Vordergrund des Welpentreffens steht das spielerische Lernen der Hunde und die Festigung des Sozialverhaltens. Spielerisch lernen die Hunde „Gewinnen" und „Verlieren" sowie Beißhemmung den Artgenossen und den Menschen gegenüber. Beim gemeinsamen Fressen wird der Futterneid unterbunden, die Hunde werden an akustische und optische Reize herangeführt u. Ä. Wie bereits erwähnt ist nicht zu verachten, dass Sie sich mit anderen Hundebesitzern austauschen und fachmännischen Rat einholen können, sowie die ersten kleinen Übungen unter Anleitung des Züchters oder des Übungsleiters mit Ihrem Hund erleben.

### Seit wann gibt es Welpenspieltage?

Im Jahre 1978 konzipierten Heinz Weidt und Diana Berlowitz die Welpenspieltage, auch Welpenprägungsspieltage genannt, die sich zwischenzeitlich glücklicherweise immer größerer Beliebtheit erfreuen. Da jeder Hundebesitzer wissen sollte, wie wichtig die ersten 16 Lebenswochen des Hundes für seine spätere Verhaltensentwicklung sind, sollte er bemüht sein, diese erste wichtige Zeit zu nutzen und seinem Hund die Teilnahme an den mittlerweile sehr beliebt gewordenen Welpenspieltagen zu ermöglichen. Wie schon gesagt, herrscht heute nicht mehr die gängige Meinung, dem Hund „erst mal seine Jugend" zu lassen. Diese ersten Wochen stellen die lernfähigste Zeit eines Hundes dar, in der er am **einfachsten** und am **meisten** lernt. Bedenken Sie, dass diese Zeit sehr schnell vorbeigeht und niemals mehr wiederkommt.

## Wie finde ich einen Welpenspieltag?

Erkundigen Sie sich rechtzeitig bei einem ortsansässigen Hundeverein, ob dort Welpenspieltage angeboten werden, schauen Sie in Fachzeitschriften über Hunde nach, fragen Sie beim Tierarzt

Auch wenn diesen Welpen das große „Stoffungeheuer" noch etwas Angst macht: Gemeinsam sind sie stark und die Neugierde überwiegt!

oder bei anderen Hundehaltern nach solch einer Möglichkeit für Ihren Hund; häufig bieten auch Züchter für ihre eigenen Würfe Welpenspieltage an.

### Was sollte bei einem guten Welpenspieltag auf dem Programm stehen?

- Auch wenn es eine Selbstverständlichkeit sein sollte: Der Übungsleiter sollte die Impfpässe eines jeden anwesenden Welpen gewissenhaft überprüfen, kontrollieren, ob die Hunde ordnungsgemäß entwurmt sind, und weiterhin den Nachweis einer gültigen Haftpflichtversicherung vom Besitzer einsehen. Nicht auszudenken, was passiert, wenn ein ungeimpfter oder unzureichend geimpfter Hund die anderen ansteckt! Die Haftpflichtversicherung sollte überprüft werden, da nicht nur Verletzungen unter den Hunden vorkommen können. Schnell

Es ist wichtig, dass Welpen mit vielen Umweltreizen konfrontiert werden.

stolpert mal ein menschlicher Teilnehmer über ein tobendes Bündel Welpen und verknickt sich dabei z. B. den Fuß.

- Die Größe einer Welpengruppe sollte eine Anzahl von je acht Welpen pro Übungsleiter nicht überschreiten, da man sonst den einzelnen Hunden nicht gerecht werden könnte.

- Toll ist es, wenn das Welpentreffen auf einem abwechslungsreichen „Naturgrundstück" stattfinden kann. Voraussetzung hierfür ist allerdings, dass Gefahren auf diesem Gelände ausgeschlossen sind und sich kein Dritter durch die Übungseinheiten gestört fühlt.

- In solch einem freien Gelände lernt der junge Hund verschiedene Bodenbeläge und -beschaffenheiten wie Laub, Sand, Gras, Sträucher, Bäume, Steine, Böschungen, Mulden, Hügel etc. kennen. Das I-Tüpfelchen stellt natürlich noch das Vorhandensein von Wasser dar. Gemeinsam mit anderen Artgenossen verliert ein junger Hund sehr schnell den Respekt vor diesem ihm noch fremden Element und tut sich dann in der Regel leichter, das

Schwimmen zu erlernen. Obwohl die Natur den Hunden sehr viel bieten kann, muss jedoch auch hier zusätzlich für künstliche Reize gesorgt werden (s. u.).

- Falls die Welpenspieltage auf einem künstlich angelegten Grundstück stattfinden, z. B. auf dem Gelände eines Hundevereins, sollte dieser Bereich extra nur für die Welpen abgezäunt sein. In diesem sollten viele optische und akustische Reize geboten werden – ähnlich wie bei einem Abenteuerspielplatz für Kinder. Hierzu gehören so genannte Kriechtunnel, durch die die Welpen toben können, Flatterbänder oder -tücher, diverse Gegenstände zum Erkunden wie z. B. Eimer, kleine Klettergelegenheiten, vielleicht ein Sandkasten, Naturspielzeug (dicke Äste o. Ä.), Planschbecken usw.

- Während die Welpen ausgiebig – egal wo – miteinander toben, sollte jemand mal mit einem Fahrrad fahren und die Klingel betätigen, einen Gong schlagen, eine Tüte zum Platzen bringen o. Ä. Es sollte auch mal ein Auto vorbeifahren, eventuell ein Reiter „organisiert" werden, ein Jogger herumlaufen usw. Bei manch einem Welpenspieltag wird auch bereits geschossen, was insbesondere für Jagd- und Schutzhunde sehr wichtig ist, da sie schussfest sein müssen. Hierbei sollte der Übungsleiter aber sehr subtil vorgehen und zunächst nur aus großer Entfernung beginnen und dann nur in Verbindung mit etwas Positivem für die Welpen! Das kann tolles Spielen oder aber das gemeinsame Fressen sein.

- Schön ist es, wenn auch die Menschen nicht zu kurz kommen, sondern die ersten Bindungsspiele mit ihren Welpen gemacht werden. Hierzu gehört selbstverständlich das sehr beliebte Versteckspiel. Herrchen oder Frauchen versteckt sich und der Welpe **darf** suchen!

- Es sollten behutsam die ersten kleinen Übungen erfolgen. Dazu gehören insbesondere die Leinenführigkeit Ihres kleinen Kumpels, die Kommandos „SITZ", „PLATZ" und das Herrufen Ihres Hundes sowie eventuell die ersten Apportierübungen. Sie sollten gezeigt bekommen, wie Sie Ihrem Hund etwas aus dem Fang nehmen und ihn spielerisch auf den Rücken legen. Ferner sollten Sie unter Anleitung Ihren Hund auch kleine Klettergeräte erklettern lassen. All diese Übungen sollten noch sehr spielerisch und gänzlich ohne Zwang erfolgen und an Lob sollte nicht gespart werden. Insbesondere bei den Geräten sollte peinlichst genau darauf geachtet werden, dass sich ein Welpe nicht – etwa durch einen Sturz – verletzt und somit für immer die Freude daran verliert.

- Es sollte evtl. bereits auch einmal eine Fährte gelegt werden, anhand der man die Veranlagung seines Hundes testen kann. Dies sollte jedoch ausschließlich nach vorheriger Rücksprache mit dem jeweiligen Besitzer erfolgen, da nicht jeder Hundebesitzer später einen Hund haben möchte, der ohne weitere zielgerichtete Ausbildung ständig „seiner Nase folgt".
- Es sollten alle Fragen ausführlich besprochen werden und auch Themen wie eigene „Alltagsprobleme", „Beziehung Kind und Hund", „Hundeapotheke", „Erste Hilfe am Hund", „Wo ist ein guter Tierarzt?", „Wer hat Erfahrung mit Urlaub mit dem Hund?", „Was mache ich im Sommer mit den leidigen Zecken?", „Wer nimmt meinen Hund in Pflege?", „Wo kann ich später mit meinem Hund zur Ausbildung gehen" u. v. m. zur Sprache gebracht werden.

## Was sollte bei einem guten Welpenspieltag nicht auf dem Programm stehen?

- Es sollten keinesfalls Welpengruppen gebildet werden, in denen z. B. ein acht Wochen alter Dackelwelpe mit einer 16 Wochen alten Dogge spielt. Da Welpen erst lernen müssen, Ihre Kräfte richtig einzusetzen, könnte solch eine Dogge den kleinen Dackel übel verletzen, wenn sie ihrem Spielpartner z. B. nur spielerisch die Vorderpfote auf den Rücken drückt.
- Es sollten unbedingt alle Welpen pünktlich erscheinen. Sie kennen den Spruch: „Den letzten beißen die Hunde!". Wenn z. B. mehrere Welpen bereits ausgiebig eine viertel Stunde miteinander gespielt haben und es kommt verspätet ein Nachzügler, „stürzt" sich in der Regel die bereits gut eingespielte Meute neugierig auf den Neuzugang. Dieser kann dadurch so verängstigt werden, dass ihm ein für alle Mal das Spiel mit Artgenossen Angst bereitet.

- Die Welpen sollten während des Spiels keine Halsbänder tragen, in denen sie sich böse verheddern und somit verletzen können. Hinzu kommt, dass sich aus dem friedlichsten Welpen, der sich in einem anderen Halsband verheddert hat, aus Panik ein bissiges Kerlchen entwickelt.
- Die Zeitdauer eines guten Welpenspieltags sollte nicht zu lang sein. Ein erfahrener Übungsleiter merkt sofort, wenn die Hunde und Menschen ermüden und überfordert sind! Sei es durch die Toberei untereinander oder aber durch psychische Belastung. Im Einzelfall sollten sogar „die schwächsten" Hunde vorab die Teilnahme beenden.
- Ein Welpenspieltag sollte den klimatischen Bedingungen angepasst werden. Bei 30 °C im Schatten sollten die Welpen nicht derart lange toben, bis ihnen im wahrsten Sinne des Wortes die Zunge zum Hals raushängt. Ebenso sollte bei eisiger Kälte kein Welpe, wenn er müde ist, lange nass und kalt herumliegen.
- Ist Ihr Welpe durch einen Schuss während der gemeinsamen Fütterung nachhaltig beeindruckt, klären Sie mit dem Übungsleiter ab, wann beim nächsten Welpenspieltag wieder geschossen wird und ob Sie dann mit Ihrem Hund am Schuss wieder teilnehmen. Einen wirklich schussscheuen Hund bekommt man zwar mit sehr viel Geduld und Erfahrung dazu, irgendwann den einen Schuss zu ertragen – er wird aber ein Leben lang schussempfindlich bleiben und das Geräusch stets als unangenehm empfinden. Fragen Sie sich selbst, ob Sie Ihrem Hund das zumuten möchten, selbst wenn Sie im Besitz eines Jagdhundes sind!

Auch wenn ich mich beherrschen muss, dieses Thema zum Abschluss zu bringen, da für mich die Welpenzeit einer der schönsten, da kürzesten Zeiträume mit einem Hund ist, möchte ich dieses wichtige Thema wirklich anderen, kompetenteren Leuten überlassen wie z. B. Ute Narewski, die darüber ein Buch verfasst hat („Welpen brauchen Prägungsspieltage" erschienen im Verlag Oertel + Spörer). Ich wollte Ihnen lediglich noch etwas näher bringen, wie wichtig die ersten Lebenswochen für Ihren vierbeinigen Lebensgefährten und Sie sind!

# 4 Gezielte Ausbildung

Sobald der Hund dem Welpenalter entwachsen ist, kann allmählich mit einer gezielten Ausbildung, natürlich immer unter Berücksichtigung der jeweiligen psychischen als auch physischen Entwicklungsstufe des Hundes, begonnen werden. Die Ausbildung kann zwar jeder für sich allein durchführen, die Teilnahme an einem Ausbildungskurs unter fachkundiger Anleitung ist jedoch aus verschiedenen Gründen (worauf später noch eingegangen wird) zu empfehlen.

Falls Sie für sich allein üben, bieten Sie sich und Ihrem Hund Abwechslung. Das ständige Üben auf derselben Wiese wird Hund und Führer sehr schnell langweilen und somit lassen Konzentration und Motivation sehr rasch nach. Hinzu kommt, dass insbesondere der schlaue Hund mit einem bestimmten Gelände schnell verknüpft: Hier wird gearbeitet und in einem anderen Gelände kann ich tun und lassen was ich will!

Aber zunächst einmal sollten Sie zunächst wissen, wie Sie sich mit Ihrem Hund bei der Ausbildung verständigen und welcher Hilfsmittel Sie sich dabei bedienen können.

## Hör- und Sichtzeichen

Grundlage einer jeden Ausbildung ist, dass der Hund lernt, etwas Bestimmtes auf Kommando auszuführen. Der Hundeführer kann sich dabei verschiedener Kommunikationsmöglichkeiten bedienen, durch die er seinem Hund verständlich macht, was er von ihm verlangt.

### Stimme
Der Führer spricht mit leiser Stimme zu seinem Hund, da Hunde über ein ausgezeichnetes Gehör verfügen. Leise bekommt der

111

Hund sein Kommando, wird mit heller Stimme der Situation angemessen gelobt und mit einer festeren, tieferen Stimme getadelt. So lernt der Hund schnell, was angenehm, aber auch was unangenehm ist. Wie Sie bereits aus Kapitel 1 wissen, sollte jeweils die Mimik zu Ihrer Stimme passen. Es kann nicht sein, dass man freundlich zu seinem Hund sagt „SITZ" und gleichzeitig dessen Hinterteil grob herunterdrückt. Umgekehrt macht es keinen Sinn, seinen Hund anzuschreien: „Ringo, HIER!" und dann noch erwartet, dass Ringo freudig und schnell zu einem kommt.

Erzählen Sie Ihrem Hund keine Litaneien, wenn Sie von ihm etwas verlangen, und vermeiden Sie Füllwörter. Auch wenn ein Hund noch so schlau sein mag, Sie machen es ihm nicht leicht, wenn Sie zu ihm sagen: „Komm, jetzt gehen wir FUSS!" oder „Auf, jetzt mach doch endlich SITZ!". Es sollte immer einfach heißen „FUSS!" oder „SITZ!".

### Pfeife

Im Fachhandel gibt es verschiedene Ausführungen von Pfeifen wie z. B. die Hornpfeife, die Kunststoffpfeife und die Pfeife aus Metall. Zur Metallpfeife möchte ich anmerken, dass man sich bei Minustemperaturen sehr schlimm die Lippen verletzen kann, da man durch die gefrierende Feuchtigkeit des Atems daran „kleben" bleiben kann.

Im Gegensatz zur menschlichen Stimme unterliegt die hörbare (!) Hundepfeife keinen Emotionen und kennt auch keine Erkältungen. Sie ist gleichbleibend und hat eine wesentlich längere Reichweite, was bei starkem Wind oder Umweltlärm sehr nützlich sein kann. Ein weiterer Vorteil bei der Benutzung der Pfeife besteht darin, dass sämtliche Familienmitglieder – nämlich das Rudel – sich für den Hund gleich anhören, wenn alle dieselbe Pfeife bei gleicher Benutzung in Einsatz bringen.

### Sichtzeichen

Hiermit sind Handzeichen gemeint, die der Hund als Kommando erhält.

Hier einige Beispiele:

- Ein erhobener Zeigefinger vor dem Körper heißt, dass der Hund sich vor Sie oder neben Sie setzen soll. Ist Ihr Hund weiter weg entfernt, hebt man den rechten Arm mit erhobenem Zeigefinger senkrecht nach oben (als würde ein Schüler sich in der Klasse melden). Keine Angst, der Hund erkennt Ihren erhobenen Zeigefinger auch noch auf sehr weite Entfernungen.
- Will man seinen Hund z. B. aus der Entfernung heraus ab- bzw. herrufen, bewegt man seinen rechten erhobenen Arm seitlich vom Körper herab zum rechten Oberschenkel (wie bei einer Brustschwimm-Bewegung).
- Während der Hund beim Anblick der ausgestreckten Handfläche mit einer leichten Abwärtsbewegung in Führernähe liegen muss, zeigt man ihm auf größere Entfernung die ganze Handfläche.

Die Sichtzeichen sind äußerst wichtig, insbesondere für Jagdhunde, da ein lautes Gerufe oder Gepfeife das Wild aufjagen könnte. Im Alltag ist es ebenso angenehm, sich mit seinem Hund über Handzeichen zu verständigen. So geraten nicht selten viele Leute im Restaurant ins Staunen, wenn man seinen Hund beim Eintreffen kommentarlos, d. h. mit Handzeichen abgelegt und er sich beim Verlassen durch das Zeigen des erhobenen Zeigefingers wieder erhebt.

## Die Kommandos

Dass im Junghundekurs die ersten „Grundsteine" für die Vorbereitung zum Begleithundekurs (siehe nächstes Kapitel), der das erfolgreiche Bestehen der Begleithundeprüfung zum Ziel hat, gelegt werden sollten, ist selbstredend.

Wie bereits in Kapitel 1 empfohlen, ist es auch beim gezielten Training ebenso ratsam, sich eine Kommandoliste anzufertigen, die man auch strikt befolgt. Nachfolgend ein paar Beispiele, die Sie individuell abändern und ergänzen können.

| Erwünschtes Verhalten | Kommando per Stimme | Kommando per Sichtzeichen | Kommando per Pfeife | Erzieltes Verhalten |
|---|---|---|---|---|
| Hund soll sitzen. | „SITZ" | Erhobener Zeigefinger | Einmal „Tüt" (schmale Pfeifenseite) | Hund sitzt. |
| Hund soll liegen. | „PLATZ" | Offene Handfläche | Einmal „Träller" (breite Pfeifenseite) | Hund liegt. |
| Hund soll kommen. | „HIER" | Erhobener rechter Arm wird bis zum rechten Oberschenkel heruntergewunken. | Doppelpfiff „Tüt-Tüt" (schmale Pfeifenseite) | Hund kommt. |
| Hund soll bei Fuß laufen. | „FUSS" | Evtl. zweimal kurz mit der linken Hand auf den linken Oberschenkel klopfen. | | Hund läuft bei Fuß. |
| Hund soll etwas aus dem Fang geben. | „AUS" | Mit der rechten Hand eine Bewegung wie beim „Tischabputzen" machen. | | Hund gibt Gegenstand aus. |
| Hund soll irgendwo (drin) bleiben (z. B. im Auto). | „BLEIB" | Beide offenen Handflächen zeigen. | | Hund bleibt dort, wo er ist (auch im Auto). |

An diese Kommandoliste sollten sich alle Familienmitglieder, die mit dem Hund im Alltag zu tun haben, halten. Es sollte tunlichst vermieden werden, dass ein Familienmitglied sagt „Komm", das andere sagt „Hier" oder wieder ein anderes „Komm schnell" o. Ä. Das Gleiche gilt auch für den Einsatz von Sichtzeichen und den Einsatz der Hundepfeife.

Es kann nicht sein, dass ein Familienmitglied dreimal pfeift, wenn der Hund kommen soll, während ein anderer in der Familie zweimal pfeift, um dasselbe beim Hund zu erreichen. Ebensowenig versteht der Hund, dass Frauchen dem Hund beide Handflächen zeigt, wenn der Hund sich hinlegen soll, während Herrchen mit dem Zeigefinger auf den Boden zeigt. Auch wenn Hunde intelligente Tiere sind, Sie machen es Ihrem Vierbeiner nur unnötig schwer, wenn Sie selber ständig Ihre Kommandos wechseln und abändern oder aber ein anderes Familienmitglied sogar ganz andere Kommandos einsetzt.

Egal, welche Kommandos (sei es per Stimme, per Handzeichen oder per Pfeife) Ihr Übungsleiter empfiehlt: Die einmal gewählten und angewandten Kommandos sollten Sie für immer beibehalten. Dem Hund ist es egal, ob Sie einen „Hampelmann", einen „Kopfstand" oder eine – sicherlich bequemere – Handbewegung machen, damit er zuverlässig zu Ihnen kommt. Vertrauen Sie den Empfehlungen Ihres Übungsleiters.

Ferner sollte konsequent ein Familienmitglied die Ausbildung übernehmen und nicht ständig ein anderes Familienmitglied am Training teilnehmen. Das würde den Weg zum allmählichen Erfolg erschweren. Ich betone allmählich. Übereifer schadet genauso wie mangelnder Eifer. Machen Sie nie den zweiten vor dem ersten Schritt mit Ihrem Hund und überfordern sie ihn nicht, indem Sie ihm eine zu schwierige Aufgabe stellen. Das wird nur Sie und Ihren Zweibeiner frustrieren.

## Technische Hilfsmittel

### Lange Leine
Die ca. 20 m lange Leine dient generell als Hilfsmittel für Hunde, die dazu neigen, sich auf Entfernung nicht kontrollieren zu lassen. Wie bereits im Kapitel 2 erwähnt, kann man sich ihrer bedienen, um einen Hund am Weglaufen oder Wildern zu hindern. Der Umgang mit dieser Leine erfordert Übung und etwas Geschicklichkeit.

Auf dem Übungsgelände wird die lange Leine gerne benutzt, wenn ein Hund beim Ab- oder Herrufen entweder dazu neigt, „Ehrenrunden" zu drehen und die ganze Gruppe zu stören, oder aber knapp am Führer vorbei rennt.

Hierzu wird die lange Leine zusätzlich zur normalen Ausbildungsleine an der Halsung befestigt. Der Hund muss sitzen (und sitzen bleiben) und die normale Leine wird von der Halsung gelöst. Der Führer entfernt sich vom Hund maximal entsprechend der Reichweite der langen Leine und ruft seinen Hund mit dem Kommando „HIER".

Macht der Hund Anstalten wegzurennen, wird sofort auf die Leine getreten (sie wird nicht mit den Händen festgehalten, da dies insbesondere bei schweren Hunden zu üblen Brandverletzungen an den Handinnenflächen führen kann) und anschließend wird der Hund an der langen Leine vom eigenen Führer mit dem erneuten Kommando „HIER" (wie ein Boot ans Ufer) herangezogen, bis er „vorsitzen" und für sein Kommen gelobt werden kann. So lernt der Hund schnell, dass er mit **seiner** Absicht keinen Erfolg hat. Bei dieser Übung muss man wirklich schnell sein, denn es soll vermieden werden, dass der Hund trotz langer Leine sein Erfolgserlebnis bekommt!

Man kann die Leine auch als Hilfsmittel beim Apportieren einsetzen. So manch ein Hund dreht mit „seiner Beute", nämlich dem Apportiergegenstand, stolz eine Runde über das Übungsgelände und es gestaltet sich mitunter für alle Beteiligten (inkl. Ausbilder) als äußerst schwierig, den Hund wieder einzufangen.

Für diese Übung kann man den Hund an die lange Leine nehmen und mitsamt Apportiergegenstand zu sich herziehen. Manch ein Hund lässt in solch einer Situation jedoch gerne den Apportiergegenstand wieder fallen – was er ja nicht soll –, da er in seiner Absicht, seinen Beutetrieb auszuleben, gestört wurde. In diesem Fall kann man versuchen, den Apportiergegenstand an der langen Leine zu befestigen, und so den Hund praktisch an seiner Beute zu sich herziehen.

### Halti

Das Halti ist ein Hilfsmittel insbesondere für kräftige Hunde, die sich an der Leine entweder wie wild gebärden oder aber ihre Führer(innen) völlig ignorieren (z. B. stur geradeaus schauen, permanent am Boden schnüffeln, Artgenossen anbrummen etc.),

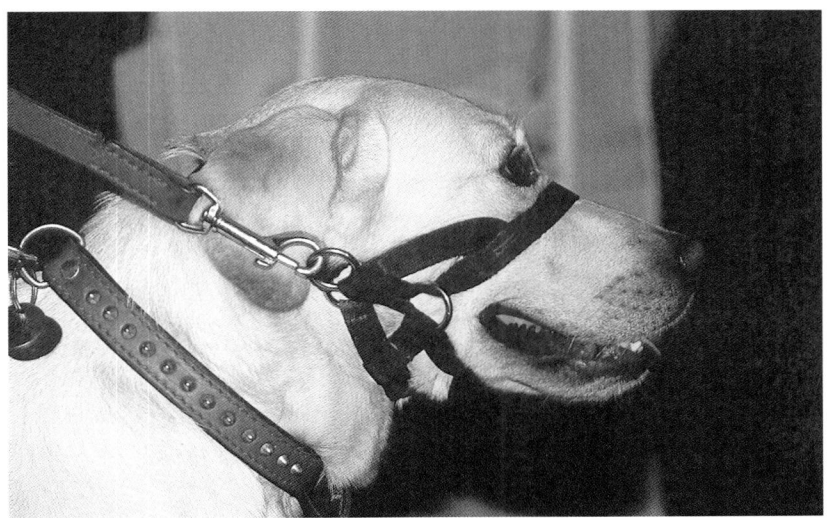
Mit dem Halti lernt auch ein „starrköpfiger" Hund auf sanfte Weise, leinenführig zu werden.

wodurch man diese Hunde kaum oder gar nicht mehr in der Gewalt hat.

Das Halti wurde von einem Tierverhaltensforscher entwickelt und verdrängt zum Glück immer mehr den Einsatz des Stachelhalsbands (auch Koralle genannt).

Es ist ein aus Nylon hergestelltes Geschirr – ähnlich wie ein Pferdehalfter – und wird dem Hund über den Fang gestülpt und zusätzlich im Nacken befestigt. Das Halti wird **nur in Verbindung mit einem Halsband** eingesetzt und beides – nämlich Halsband und Halti – werden an der Leine befestigt.

Zunächst gewöhnt man seinen Hund am besten zu Hause an dieses neue Utensil, da er sicherlich anfänglich versuchen wird, dieses lästige Geschirr wieder abzustreifen. Erst wenn sich der Hund an das Tragen des Haltis gewöhnt hat, beginnt man mit dessen Einsatz, entweder nur zu Übungszwecken der Leinenführigkeit oder bei Hunden, die Menschen oder Artgenossen gegenüber äußerst aggressiv sind, auch auf Spaziergängen.

Anders als beim Einsatz eines Halsbandes übt das Halti genau dort die größtmögliche Zugkraft des Führers aus, wo der Hund am empfindlichsten ist – nämlich im Schnauzenbereich. Durch Zug zieht sich das Halti leicht zusammen, was einem Dominanzgriff über die Schnauze ähnlich kommt. Außerdem wird der Kopf des Hundes ohne großen Kraftaufwand zum Führer hochgezogen. Der ganze Körper des Hundes und somit seine Laufrichtung folgen der Ausrichtung des Kopfes. Es entsteht ein Blickkontakt zum Führer, der so positiv auf die „Führigkeit" seines Hundes einwirken kann. Der Blick wird außerdem von Artgenossen, anderen Menschen oder Objekten abgelenkt und der Hund konzentriert sich stärker auf seinen Führer.

Lassen Sie sich den Einsatz eines Haltis unbedingt von einem erfahrenen Hundeführer oder Ausbilder zeigen. Bei manch einem Hund gebärden sich die ersten „Gehübungen" als äußerst beängstigend. Der Hund sträubt sich ganz massiv, zerrt und hüpft evtl. anfänglich noch schlimmer an diesem neuen Gerät herum als an einer Halsung, weshalb man das Halti zunächst immer nur in Verbindung mit einem Halsband einsetzen sollte.

Keine Angst: Dies sieht schlimmer aus, als es ist, aber man darf in diesem Moment nicht aufgeben! Es ist eine wirklich sanfte Methode, einen ungestümen Hund ohne großen Kraftaufwand zum Blickkontakt zu bewegen und dazu, dass er gesittet links neben einem läuft. Bei einem wirklich notorischen „Zieher" am Halsband ist der dauerhafte Einsatz der eigenen Muskeln äußerst mühsam, manchmal fast unmöglich und für den Hund viel schlimmer, da ein Halsband auf Dauer die Speise- und Luftröhre abdrücken, die Blutzirkulation abschnüren und insbesondere Hals- und Nackengelenksbeschwerden verursachen kann.

### Wurfkette

Eine Wurfkette ist eine grobgliedrige Kette aus Metall; das kann entweder ein normales Kettenhalsband (erhältlich im Fachhandel) oder aber ein Stück Kette (z. B. aus dem Baumarkt) sein. Die Wurfkette kommt in Einsatz, wenn der Hund z. B. **Anstalten** macht auszubrechen, um auf dem Übungsgelände eine „Ehrenrunde" zu drehen oder beim Spaziergang irgendetwas nachzujagen. Beim Einsatz dieser Kette kommt es – wie bei den meisten technischen Hilfsmitteln – auf Schnelligkeit und etwas Geschicklichkeit an. Sobald der Hund die ersten Schritte rennt, wird die Kette nach ihm geworfen. Sie sollte möglichst dicht neben ihm landen. Handelt es sich um einen großen Hund, ist es durchaus nicht schlimm, wenn Sie ihn z. B. einmal auf dem Rücken oder Gesäß treffen. Meistens trifft man den Hund an solch einer Stelle, weil er sich von einem weg bewegt!

Werfen Sie niemals die Kette, wenn der Hund auf dem Weg zu Ihnen ist: Sie könnten ihn im Gesicht treffen. Außerdem sieht er, dass die Handlung von Ihnen ausgeht und fühlt sich evtl. für sein Kommen bestraft. Der Hund soll nicht Sie als Auslöser der Strafe betrachten, sondern vielmehr „die böse Kette". Die Voraussetzung für den Einsatz der Wurfkette ist allerdings, dass der Hund noch in Ihrer Wurfnähe ist. Ist er bereits zu weit weg, erzielt der Einsatz der Wurfkette keinen Effekt mehr.

In der Regel erschrickt ein Hund beim Aufprall der Kette durch das klirrende Geräusch, vergisst seine Absicht weg- oder herumzurennen und schaut zum Führer. Genau in diesem Moment sollten Sie sich interessant machen und Ihren Vierbeiner freudig rufen. Ist der Hund sehr erschrocken und verharrt auf der Stelle, können Sie ihn auch schweigend abholen und anleinen. Das funktioniert in der Regel, da der Hund ja noch in Ihrer Wurfnähe und von dem Klirren erschrocken ist.

Hat der Hund ein paar Mal negative Erfahrungen mit der Kette gemacht, genügt später meistens nur ein Klimpern, um ihn von irgendwelchem unerwünschten Verhalten abzuhalten. Allerdings sollten Sie nicht zu häufig mit der Kette ohne wichtigen Grund klimpern, da dann der Hund allmählich „abstumpft" und nicht mehr auf das Geräusch reagiert.

### Reizangel

Nicht viele Ausbilder haben die Reizangel auf ihrem Programm. Die Reizangel (wie schon in Kapitel 2 beschrieben) ist ein etwa 3 Meter langer Stab, an dessen Ende eine ca. 2 Meter lange Schnur hängt. Am Ende der Schnur ist ein „Reizgegenstand" (z. B. ein Tennisball in einem Socken, ein Stück Kaninchenfell o. Ä.) befestigt.

Man lässt den Hund sitzen und fuchtelt mit der Angel herum, so dass der am Ende der Schnur befestigte Gegenstand auf dem Boden herumhüpft, was das Herumspringen von Wild simulieren soll. Man lässt den Hund im Kreis und hin- und herrennen und seinen Beutetrieb ausleben. Ab und zu lässt man an der Angel den Gegenstand hoch in die Luft fliegen und gibt synchron dazu das Kommando „SITZ" per Stimme oder Pfiff. Der Hund wird dem Gegenstand zwangsläufig nachschauen und sich setzen, wofür der Hund per Stimme gelobt wird. Diese Übung wiederholt man nicht allzu oft, um den Hund nicht zu frustrieren – aber er verinnerlicht schnell, dass er sitzen muss, auch wenn etwas vor ihm wegrennt oder wegfliegt.

## Ausbildung in der Gruppe

Die gezielte Ausbildung in einer Gruppe unter fachmännischer Anleitung sollte man mit seinem Hund mit etwa sechs Monaten beginnen. Sollte man sich einen erwachsenen Hund ins Haus holen, kann man selbstverständlich auch dann noch jederzeit mit der gezielten Ausbildung beginnen. Dafür ist es nie zu spät, wobei natürlich ein junger Hund schneller und leichter lernt und man bei einem ausgewachsenen Hund, der ja auch schon eine Portion Lebenserfahrung mitbringt, unter Umständen mehr Geduld und Zeit für die Ausbildung aufbringen muss.

Man kann noch so viele Bücher lesen oder Gespräche führen, man wird allein nie so schnell, so gezielt und vor allem nicht so „richtig" zu dem Erfolg kommen, dass man mit seinem Hund ein zuverlässiges Gespann in allen Situationen darstellt. Ein kompetenter Ausbilder wird Ihnen hierbei gerne behilflich sein und in der Regel sind die Kosten für einen Ausbildungsplatz wirklich erschwinglich.

Wie bereits in Kapitel 3 erwähnt, ist auch hier – wie bei allen anderen Ausbildungskursen – für eine Teilnahme eine gültige Tollwutschutzimpfung und eine gültige Haftpflichtversicherung des Hundes erforderlich. Die entsprechenden Unterlagen sollte ein gewissenhafter Übungsleiter natürlich überprüfen. Eine Impfung gegen Zwingerhusten ist zu empfehlen. Dass jeder Hund regel-

Hier begrüßt der Übungsleiter ein Gespann, während der Hund vorschriftsmäßig in Grundstellung neben seiner Führerin sitzen bleibt.

mäßig entwurmt werden muss, sollte ebenso selbstverständlich sein.

### Wie findet man die richtige Gruppe?

Haben Sie einen Rassehund, erkundigen Sie sich bei Ihrem Züchter oder beim zuständigen Rassehundeverein, ob vereinsinterne Kursprogramme angeboten werden. Wenn dies der Fall ist, ist es ratsam, an solch einem „rassespezifischen" Kurs teilzunehmen, da die Ausbildung rasseabhängig unterschiedlich aufgebaut wird. Die meisten Schäferhundbesitzer planen nach bestandener Begleithundeprüfung z. B. eine Spezialausbildung zum Schutzhund oder Fährtenhund, wogegen beispielsweise Retriever später eher auf dem Gebiet des Apportierens tätig werden. Möchten Sie später einen reinen Familien- bzw. Begleithund oder haben Sie einen Mischling, ist es eigentlich egal, welchem Verein Sie sich mit Ihrem Vierbeiner anschließen. Die Hauptsache ist, dass er sinnvoll beschäftigt und ausgebildet wird!

Eine optimale Gruppengröße sind sechs bis zehn Gespanne (d. h. Führer mit Hund). Das Üben in der Gruppe festigt weiter das Sozialverhalten des Hundes und erhöht seine Konzentrationsfähigkeit, da er stets unter Ablenkung üben muss und sich auch – wenn z. B. andere Gespanne an der Reihe sind – gedulden muss, d. h. „steady" sein.

Vorsicht ist bei manchen so genannten Hundeschulen geboten. Sicherlich gibt es viele gute Hundeschulen, bei denen der Hund wirklich im Vordergrund steht und in denen zu erschwinglichen Konditionen in der Gruppe geübt wird. Manch eine Hundeschule wittert jedoch ausschließlich den finanziellen Profit. Nicht selten werden gezielte „Einzelstunden" bei einem normal veranlagten (Jung-)Hund provoziert und angeboten, weil insbesondere dem unerfahrenen Ersthundebesitzer suggeriert wird, dass dieses oder jenes Verhalten beim Hund, z. B. lediglich das An-der-Leine-Zerren, bereits ein „Problem" darstellt. Für diese Einzelstunden werden dann teilweise horrende Honorare verlangt.

Ein normal veranlagter Hund benötigt jedoch keinen Einzelunterricht, sondern ist in einer Gruppe viel besser aufgehoben! Wo immer Sie sich zu einem Kurs anmelden, Sie sollten sich vorher ausführlich über das Angebot an Kursen informieren und auch vor Ort von den Ausbildungsmethoden überzeugen.

Landläufig herrscht bei vielen Laien die Meinung, dass man seinen Hund in eine „Hundeschule" gibt und ihn mir nichts dir nichts „erzogen" oder gar „dressiert" wieder zurück bekommt. Das ist natürlich völlig unsinnig: Jeder Hundebesitzer sollte seinen Hund selber erziehen und ausbilden und deshalb auch selber in einer Gruppe führen.

Wenn man täglich im Alleingang für sich auf einer Wiese übt, ist man sich sicher, dass man alles richtig macht, denn man meint es ja schließlich gut mit seinem Hund. Völlig falsch: Die Fehler sind in der Regel immer beim Führer zu suchen und nicht beim Hund. Man selbst merkt seine eigenen Fehler gar nicht und so schleichen sich im Endeffekt immer tiefer und schlecht wieder rückgängig zu machende, unerwünschte Verhaltensweisen beim Hund ein, die man ja eigentlich vermeiden wollte. Nicht selten heißt es dann: „Ich weiß auch nicht, mein Hund macht das einfach nicht!" Und der Mensch resigniert – nicht der Hund!

## Erst lernt der Mensch

Warum hängt in jedem Ballettsaal oder in jeder Reithalle ein Spiegel? Damit man sich selbst sehen kann – zusätzlich zum „Lehrer". Es wäre also sogar gut, zusätzlich zum Training in der Gruppe Videoaufnahmen zu machen, um sich selbst einmal zu sehen. Man glaubt gar nicht, was man insbesondere mit der Mimik und der Körpersprache alles falsch machen kann.

Vielerorts werden Junghundekurse angeboten, in denen in der Regel zunächst die Menschen lernen sollen, wie sie ihrem Hund zum erwünschten Verhalten verhelfen können. Wie soll der Hund z. B. wissen, was von ihm gewünscht und verlangt wird, wenn sein(e) Führer(in) weder weiß, auf welcher Seite ein Hund geführt wird, noch wie man ihm Leinenführigkeit, sicheres Herkommen usw. beibringen soll? Noch recht spielerisch, jedoch bereits richtig und konsequent sollten Mensch und Hund lernen, was später in einem Begleithundekurs gefestigt werden sollte. Nämlich insbesondere das, was später in einer Begleithundeprüfung verlangt wird – ob man solch eine Prüfung später erfolgreich absolviert oder nicht. Die Junghundekurse stellen praktisch eine Überbrückung zwischen Welpendasein (evtl. bereits mit Teilnahme an Welpentreffen) und gezielter Begleithundeausbildung dar.

## Zweckmäßige Kleidung

An dieser Stelle möchte ich darauf hinweisen, dass eine zweckmäßige Kleidung bei der Teilnahme in einem Übungskurs unerlässlich ist. Auf einem Alltagsspaziergang kann man z. B. bei Regenwetter einen Schirm mitnehmen und seinen Hund einfach „herumspringen" lassen. Da man beim Training jedoch stets beide Hände benötigt, ist eine entsprechende Kleidung je nach Witterung notwendig. Achten Sie vor allem ganzjährig auf gutes Schuhwerk mit einer rutschfesten Profilsohle, bei schlechtem Wetter auf eine nässeundurchlässige Jacke, bei kalter Witterung auf Handschuhe, da Ihre Hände stets im Einsatz sind.

Verzichten Sie z. B. auf lange Mäntel, die bei der Leinenführigkeit oder bei der Freifolge Ihren vierbeinigen Kamerad nur irritieren und er dadurch zwangsläufig weiter entfernt neben oder hinter Ihnen laufen muss. Und verzichten Sie auf Kapuzen. Einerseits

Die Gespanne laufen verschiedene Formationen.

behindern Sie den Blick nach hinten und zur Seite und andererseits kann man mit einer Kapuze auf dem Kopf schlecht hören; schaffen Sie sich lieber einen wetterfesten Hut an. Ihre Jacke sollte über zweckmäßige Taschen verfügen, in denen Sie z. B. Leckerbissen für den Hund, einen Apportiergegenstand, ein Spielzeug zum Motivieren, evtl. eine Wurfkette o. Ä. verstauen können. Lassen Sie sich in puncto Kleidung von einem erfahrenen Hundeführer beraten.

### Was bietet der Erziehungskurs?

Denken Sie stets bei der Teilnahme an einem Kurs zunächst daran, dass Ihr Trainer Sie nicht schikanieren möchte, wenn er Sie kritisiert, sondern Ihnen und Ihrem Hund lediglich zum Erfolg verhelfen möchte. Erscheinen Sie stets pünktlich mit einem gelösten, aber nicht völlig ausgetobten Hund zu Ihrer Übungsstunde und vermeiden Sie Stress und Hektik, da sich dies nur negativ auf Sie, auf Ihren Hund und die ganze Übungsgruppe auswirkt. Wei-

Bei der Begrüßung der Menschen müssen die Hunde gesittet neben ihren Führern sitzen.

terhin sollten Sie Ihren Hund einige Stunden vor Übungsbeginn nicht füttern: „Ein voller Bauch studiert nicht gern!"

Bei der gezielten Ausbildung, d. h. beim Üben in einer organisierten Gruppe unter Anleitung eines Übungsleiters, laufen die Gespanne vielerlei Formationenm wie z. B. hintereinander und nebeneinander. Einzeln laufen Gespanne in Schlangenlinien durch die anderen wartenden Gespanne, die Hunde werden aus der wartenden Gruppe heraus „abgerufen" oder an der wartenden Gruppe vorbeigerufen. Ferner werden „Hund-zu-Hund"-Begegnungen geübt, indem Gespanne aneinander vorbeilaufen, wobei die Hunde innen direkt aneinander vorbeigeführt werden und die Menschen außen (jeweils rechts von ihrem Hund) gehen.

Oder die Führer gehen mit ihren Hunden aufeinander zu, bleiben voreinander stehen und begrüßen sich, wobei die Hunde weder am anderen Hund herumschnüffeln sollten noch aus Freude und Neugierde am anderen Menschen hochspringen dürfen. Sie sollen während der Begrüßung der Menschen und einer kurzen Unterhaltung in Grundstellung anständig warten. Manchmal spielt der Übungsleiter auch mal einen Jogger, der z. B. durch eine abgelegte Gruppe von Hunden läuft, wobei die Hunde liegen bleiben sollten.

Gelegentlich wird im Rahmen der Ausbildung auch mal ein Stadtspaziergang in der Gruppe organisiert. Menschenmengen werden gesittet mit den angeleinten Hunden passiert, Treppen hinauf- und hinabgegangen. Die Hunde gehen dicht an reflektierenden Schaufenstern vorbei, laufen über Lichtschächte oder gehen Slalom um Hindernisse (Fahrradständer, Begrenzungspfosten, Blumenkübel o. Ä.). Die Hunde werden in gefahrlosen Fußgängerzonen am Rand abgelegt und dürfen Passanten nicht belästigen. Eventuell steht auch ein Kaufhausbesuch mit Aufzugfahren auf dem Programm u. v. m.

Der Fantasie eines jeden Übungsleiters sind keinerlei Grenzen gesetzt. Sie werden schnell bei der Teilnahme an einem Kurs ein Gefühl dafür entwickeln, ob die Kursmethode, die Kursdauer und die Art der Ausbildung den Neigungen und Anlagen Ihres Hundes entsprechen.

Haben Sie das Glück, einen fantasievollen und geübten Kursleiter und eine überschaubare Gruppengröße erwischt zu haben, werden Ihnen und Ihrem Hund die Trainingseinheiten sicherlich nicht langweilig werden, sondern sehr viel Spaß bereiten. Sie werden auch sicherlich kompetente Antworten auf Ihre viele Fragen bekommen.

Bei (Anfangs-)Schwierigkeiten wird der Übungsleiter gezielt auch einmal ein Gespann aus der Gruppe herausnehmen und individuelle „Einzel-Tipps" geben. Kein Hund und kein Mensch gleicht dem anderen; selbst ein und dasselbe Gespann unterliegt der jeweiligen Tagesform. Was beim letzten Mal noch toll geklappt hat, kann beim nächsten Mal nicht so zuverlässig funktionieren und umgekehrt. Es „menschelt" und es „hundelt" – und genau das ist auch ein Grund dafür, dass die Arbeit mit einem Hund nie langweilig wird!

Befindet sich in der Übungsgruppe z. B. ein Hund, der beim Abrufen schon mal ein paar „Ehrenrunden" über das Übungsgelände rennt und die anderen Hunde „aufmischt", wird der Übungsleiter mit einer langen Leine helfen, indem er den abgelegten oder sitzenden Hund mit der Leine daran hindert, auf dem

Gelände herumzurennen und andere Gespanne zu stören. Beim Ablegen außer Sicht z. B. wird der Übungsleiter den Hund im Auge behalten und Herrchen oder Frauchen informieren, falls der Hund Anstalten macht aufzustehen.

Das Üben in einer Gruppe bietet mehrere Vorteile: Es festigt nicht nur das Sozialverhalten der Hunde, sondern fördert auch die Konzentrationsfähigkeit und die Steadyness, da sie stets warten müssen, wenn andere einzelne Gespanne an der Reihe sind, ob andere Hunde abgerufen werden, einzelne Gespanne Leinenführigkeitsübungen machen, apportieren oder sonstige Übungen durchführen. All dies fällt weg, wenn man nur für sich allein übt.

Für das Training in der Gruppe gilt das Gleiche, was Sie bereits im Kapitel 1 kennen gelernt haben: **Vorbeugen ist besser als nachbessern!**

In meiner Praxis passiert es z. B. häufig bei der Übung SITZ oder PLATZ (und das überflüssige BLEIB), dass Teilnehmer untereinander reden und ihren Hund nicht beobachten. Wenn der Hund dann bereits aufgestanden ist und eventuell sogar noch eine Runde über die Übungswiese oder den Hundeplatz dreht, ist es umso schwieriger, den Hund wieder ins Kommando zu bekommen. Außerdem hatte der Hund dann **sein Erfolgserlebnis** und das wirft das Gespann unwillkürlich wieder einen Schritt zurück.

Denken Sie immer daran: Sie helfen Ihrem Hund ungemein, wenn Sie sich bei der Arbeit voll auf ihn konzentrieren. Wegen ihm stehen Sie, die anderen Teilnehmer und der Übungsleiter in ihrer Freizeit bei Wind und Wetter auf dem Übungsgelände.

An dieser Stelle sei erwähnt, dass es nicht viel Sinn macht, lediglich zehnmal auf einem Hundeplatz zu üben. Im Alltag muss das Gelernte regelmäßig gefestigt und wiederholt werden. Hierbei ist auch darauf zu achten, Schritt für Schritt vorzugehen. Ein Hund, der z. B. noch nicht korrekt bei Fuß an der Leine laufen kann, wird sicherlich die Freifolge erst recht noch nicht beherrschen. Ein Hund, der an der Leine neben seinem Führer noch nicht auf Kommando SITZ oder PLATZ machen kann, wird sich auf Entfernung erst recht nicht setzen oder hinlegen lassen. Und das ist für ein zuverlässiges Stoppen unerlässlich. Den Hund auf Entfernung stoppen zu können, kann das Leben von Mensch und/oder Hund retten: Täglich werden auf den Straßen Hunde angefahren oder überfahren; der Hund kann ein Pferd so erschrecken, dass der Reiter zu Fall kommt usw.

Im nächsten Kapitel werden die konkreten Übungen, mit denen ein Hund-Mensch-Gespann auf die Begleithundeprüfung, deren Bestehen für alle weiterführenden Ausbildungen Grundvoraussetzung ist, genau beschrieben.

# 5 Begleithundeausbildung

Begleithundekurse werden in der Regel von allen ortsansässigen Hundevereinen angeboten. Auch mancher Rassehundeverein bietet eigens für seine Hunde, abgestimmt auf die jeweilige Veranlagung und Neigung der Rasse, Begleithundekurse an. Informieren Sie sich durch Hundemagazine, Zeitschriften von Rassehundevereinen, beim Tierarzt oder bei anderen Hundebesitzern und schauen Sie sich vor Beginn des Trainings mit Ihrem Hund das Übungsgelände und den Übungsleiter an. Voraussetzung für die Teilnahme an einem Begleithundekurs sollte sein, dass Ihr Hund über die physische und psychische Reife verfügt, sich über einen längeren Zeitraum (von etwa 1/2 Stunde bis evtl. zu 2 Stunden) konzentrieren kann, dass er eine gute Bindung und Vertrauen zu Ihnen hat und seine Kinderstube mit Ihnen durchlebt, d. h. Hauserziehung genossen hat.

Die Begleithundeausbildung stellt in der Regel die Basis für alles dar, was Sie später mit Ihrem Hund machen möchten. Wie Sie bereits wissen, ist für weiterführende Spezialausbildungen eine bestandene Begleithundeprüfung Voraussetzung

Das Angebot reicht von Agility (Vorsicht: ein Berner Sennenhund eignet sich für diese Sportart sicherlich nicht so gut wie ein kleiner, flinker Mischling) über Schutzhund- und Fährtenhundausbildungen bis zu Ausbildungen zum Rettungshund, Behindertenbegleithund oder Blindenhund. Und manch einer führt seinen Hund später jagdlich, was wiederum eine spezielle Ausbildung erfordert.

Am Rande möchte ich hier erwähnen, dass läufige Hündinnen nicht am Übungsbetrieb (so wie auch bei anderen Hundeveranstaltungen wie z. B. Prüfungen, Ausstellungen usw.) nicht teilnehmen dürfen. Falls Sie sich vor der Anschaffung darüber im Klaren sein sollten, dass Sie sehr gerne mit Ihrem Hund arbeiten, an Prüfungen teilnehmen oder Ausstellungen besuchen möchten, sollten Sie unter diesem Aspekt gründlich darüber nachdenken, für welches Geschlecht Sie sich entscheiden. Bei einer Hündin sind einem manchmal wegen der Läufigkeit etwas „die Hände gebunden". Selbst ich habe bereits eine Menge „Reuegeld" zahlen müssen, wenn eine meiner Hündinnen nach einer Anmeldung zu einer Prüfung am Prüfungstag selbst läufig war. Unabhängig von dem Geld, was man „in den Sand setzt", wirft einen Hundebesitzer oftmals das Ausbildungsniveau rund um die Läufigkeit ein wenig zurück, weil sich die Hündin – die eine mehr, die andere weniger – vom Wesen her durch die hormonelle Umstellung verändert und nicht mehr so gut und/oder so gerne arbeitet. Für mich sind dies jedoch keine Gründe, die gegen die Anschaffung einer Hündin sprechen: im Gegenteil! Man ist manchmal gezwungen, nach einer Läufigkeit wieder einen kleinen Schritt zurück zu machen und das Erlernte wieder neu zu festigen. So bleibt man im „Ausbildungsgeschehen" und es wachsen keine Bäume in den Himmel...

Sinn und Zweck der Begleithundeausbildung sollte für jeden Hund – ob Mischling oder Rassehund – sein, dass man sich im Alltag problemlos überall mit ihm bewegen kann. Ob dies nun Stadtbummel, Wanderungen in der Natur oder Besuche bei Freunden oder in Restaurants sind – nur ein Hund, der Vertrauen zu seinen Menschen hat und „im Kommando" steht, stellt weder für sich noch für andere eine Gefahr oder Belästigung dar und ist eine Bereicherung für die ganze Familie.

Ferner bietet das Training in einer Gruppe unter fachkundiger Anleitung eine schöne Beschäftigung für Mensch und Hund. Fehler werden von vornherein vermieden oder im Laufe des Kurses korrigiert. Außerdem ist man mehr oder weniger gezwungen, auf einen bestimmten Tag in der Woche hinzuarbeiten. Bei bestimmten Übungen ist wiederum ein Helfer notwendig, bei manchen Übungen braucht der Hund Ablenkung durch andere Gespanne – also alles Argumente dafür, in einer Gruppe zu trainieren!

Nicht zu unterschätzen ist auch die angenehme Begleiterscheinung, dass alle Teilnehmer das gleiche Ziel haben und einen ähnlichen Stil (mit gleichen Kommandos und gleicher Körpersprache) entwickeln. Man sollte sich auch mit der Tatsache vertraut machen, dass man eines Tages in die unangenehme Situation kommt, seinen Hund vorübergehend jemandem anderen anvertrauen zu müssen. Ist es dann nicht beruhigend zu wissen, dass ein

Der Führer dieses Rhodesian Ridgeback bekommt vom Ausbilder erklärt, was er besser machen könnte.

anderer Kursteilnehmer Ihren Hund in Pflege nimmt und Sie somit sicher sein können, dass er ähnlich wie bei Ihnen zu Hause behandelt wird?

Auch wenn ich an dieser Stelle an jede(n) Leser(in) appellieren möchte, aus eigenem Antrieb und aus Interesse an der Arbeit mit dem Hund an einem Kurs mit dem Ziel, die Begleithundeprüfung zu bestehen, teilzunehmen, so möchte ich auch einmal das Thema Begleithundeausbildung aus einem anderen Blickwinkel beleuchten.

Durch die drastisch angestiegene Anzahl der in unseren Haushalten lebenden Hunde ist es durchaus denkbar, dass es eines Tages zur Pflicht wird oder von Vorteil ist, mit seinem Hund eine Art von „Hundeführerschein" zu absolvieren (z. B. könnte dies zu einer Hundesteuerersparnis oder ähnlichen Vergünstigungen führen). Es kann sein, dass der Nachweis einer bestimmten bestandenen Prüfung notwendig ist, um eine gewisse Art der Hundehaltung vom Gesetzgeber genehmigt zu bekommen (z. B. das Halten von mehreren Hunden in einem Haushalt oder das Halten von bestimmten Arten von Hunden).

Die Landesregierung Nordrhein-Westfalen hat bereits eine „Gefahrhundeverordnung" herausgegeben, die sich jeder beim Umweltministerium in Düsseldorf anfordern kann. Bei dem Wort **Gefahr** denkt man in erster Linie an den **aggressiven** und somit gefährlichen Hund. Es kann jedoch auch durchaus gefährlich sein, wenn beispielsweise eine 45 Kilogramm schwere Frau eine Deutsche Dogge hält, die sie aufgrund ihrer physischen Kräfte nicht beherrscht, da der Hund nicht oder unzureichend ausgebildet ist. Ich denke, dass es wirklich lohnenswert ist, **jeden Hund** zu erziehen und auszubilden!

In einem Kurs wird Ihnen Schritt für Schritt und systematisch vermittelt, wie Sie bei Ihrem Hund ein erwünschtes Verhalten durch Positivverstärkung hervorrufen und wie Sie unerwünschtes Verhalten durch Prophylaxe vermeiden oder durch Negativeinwirkung abgewöhnen können. Sie sollten das im Kurs Vermittelte und Gelernte zwar im Alltag festigen und sich nicht nur auf Ihre Übungseinheiten verlassen, jedoch sollten Sie Übereifer vermeiden und nicht täglich endlos mit Ihrem Hund üben. Üben Sie gezielt, konsequent und nur dann, wenn Sie und Ihr Hund körperlich und seelisch dazu in der Verfassung sind. Ist einer von beiden im Gespann, d. h. Hund oder Mensch, krank oder sind Sie gerade gestresst oder missgelaunt, dann ist es besser, wenn Sie nicht üben. Diese „Negativstimmung" – wodurch auch immer ausgelöst – wird sich nur nachteilig auf das Training mit Ihrem Hund auswirken. Der Erfolg einer soliden und harmonischen Ausbildung hängt nicht davon ab, wie oft (geschweige denn wie verbissen!) Sie üben, sondern wie gut und harmonisch Sie mit Ihrem Hund arbeiten!

Generell wird nie der zweite Schritt vor dem ersten getan – sei es beim Training im Begleithundekurs oder aber allein zu Hause! Und vergessen Sie nie, Ihren Übungsabschnitt mit einem Positiverlebnis zu beenden, nämlich mit einer Übung, die der Hund freudig durchführt und beherrscht. Ganz am Ende einer Übungseinheit dürfen Sie auch ausgiebig mit Ihrem Hund spielen: Das macht beiden Spaß und der Hund verbindet etwas Positives mit seiner geleisteten Arbeit **und** mit Ihnen!

Wie vor allen „hundlichen Ereignissen" sollten Sie mit Ihrem Hund vor dem Begleithundetraining einen ruhigen Spaziergang machen, damit der Hund sich in aller Ruhe lösen und entspannt bewegen kann. Vermeiden Sie – je nach psychischer und physischer Reife des Hundes – zu lange Spaziergänge, um ihn nicht müde zu machen, und vermeiden Sie Touren, die zu kurz für Ihren Vierbeiner sind, so dass er zum Training zu viel aufgestaute Energie mitbringt.

Lassen Sie unmittelbar nach der Ankunft auf dem Trainingsgelände Ihren Hund nicht mit anderen Artgenossen in Kontakt treten und schon gar nicht, während er angeleint ist. Der Hund soll sich, so wie Sie auch, auf das bevorstehende Training einstimmen. Sie wissen ja bereits, dass an der Leine grundsätzlich nicht gespielt wird!

Auch in eventuellen Pausen des Begleithundetrainings geben Sie Ihrem Hund kurz Zeit sich zu lösen, versorgen Sie ihn mit Trinkwasser und bringen ihn dann ins Auto oder in eine auf manchen Hundeplätzen vorhandene Box zum Entspannen.

Lassen Sie ihn dagegen während der Pause mit anderen Hunden toben, wird er in der Anfangszeit der nächsten Halbzeit sehr unkonzentriert sein und Sie fangen auf dem Niveau an, auf dem Sie bereits in der ersten Hälfte des Begleithundetrainings mit Ihrem Hund waren.

Auch wenn im Kapitel „Hauserziehung" erwähnt wurde, dass Kinder mit der Erziehung des Hundes nichts zu tun haben sollten, so möchte ich an dieser Stelle erwähnen, dass Jugendliche oftmals in der Ausbildung des Hundes viel besser sind als Erwachsene, da Sie mit Leib und Seele dabei sind und sich nicht albern vorkommen, insbesondere ihren Körper und ihre Stimme sprechen zu lassen. Damit tun wir Erwachsenen uns manchmal schwer. Hinzu kommt, dass wir Erwachsenen häufig mehr das Vereinsgeschehen am Rande des Übungsgeländes – damit ist die Vereinsgaststätte gemeint – verfolgen und Jugendliche sich ausschließlich auf die Hundearbeit konzentrieren. Schauen Sie viel von Jugendlichen ab – sie erklären häufig besser als jedes Buch!

Es ist bekannt, dass man in der Regel alles, was man gerne tut, auch gut macht. Daher sollten Sie wirklich gerne mit Ihrem Hund arbeiten und auch etwas Liebe zum Detail entwickeln. Damit mei-

Ein harmonisches Gespann.

In Grundstellung warten die Gespanne
auf die nächste Übung.

ne ich z. B. bestimmte Rituale wie: ein bestimmter Spaziergang vor dem Training, bestimmte Garderobe (der Hund verknüpft solche Dinge mit dem Training!), stets gleichbleibende Kommandos, gleiche Mimik und Körpersprache. Runden Sie das Training stets mit einem kurzen fröhlichen Spiel mit Ihrem Vierbeiner ab – Sie werden sehen: Es macht ungeheuren Spaß!

Das Begleithundetraining sollte in sämtlichen Hundevereinen in mehr oder weniger abgewandelter Form die nachfolgend aufgeführten Übungen beinhalten, jedoch stets mit dem Ziel der Begleithundeprüfung.

Der Einsatz der Pfeife wird vorwiegend bei später jagdlich geführten Hunden verwendet. Es bleibt Ihnen bzw. der rassespezifischen Ausbildung Ihres Hundes überlassen, ob Sie eine Pfeife benötigen oder nicht.


## SITZ

Während des Begleithundetrainings muss der Hund sehr oft sitzen. Sei es links neben Ihnen auf Kniehöhe (dies ist übrigens die Grundstellung für jede Übung, wobei Sie das Leinenende in der rechten (!) Hand ungefähr auf rechter Hüfthöhe halten), sei es auf Entfernung, bevor Sie ihn abholen oder herrufen, sei es vor Ihnen, nachdem Sie ihn hergerufen haben, oder sei es nach dem Apportieren mit einem Apportel im Fang.


### Grundstellung

Sitzt Ihr Hund nicht auf einmaliges Kommando, wiederholen Sie das Kommando zum Sitzen nicht endlos, sondern ziehen Sie die Leine mit der rechten Hand etwas diagonal nach oben rechts (in Ihre Schulternähe) und drücken ihm das Gesäß mit Ihrer linken Hand nach unten. Sitzt Ihr Hund, nehmen Sie die Leine in die linke Hand, beugen sich nach unten neben (nicht über – das bedroht Ihren Vierbeiner) Ihren Hund und tätscheln ihm mit der rechten Hand seine Brust begleitet von lobenden Worten.

## SITZ auf Entfernung

Ist das SITZ neben dem Führer beim Hund in Fleisch und Blut übergegangen, beginnen Sie damit, dem Hund das SITZ auf Entfernung zu lehren. Sie nehmen die Grundstellung diesmal mit der Leine in der linken (!) Hand ein. Sie lassen den Hund SITZ machen und treten ein paar Schritte vor Ihren Hund, wobei die Leine nicht gestrafft sein sollte, sondern etwas durchhängt. Sie unterstützen den Hund gegebenenfalls mit Sichtzeichen, warten ein paar Sekunden und treten dann zum Hund zurück und loben ihn. Droht er zwischendurch aufzustehen, gehen Sie bedrohlich einen Schritt auf Ihren Hund mit erhobenem Zeigefinger zu und sagen „NEIN" (bei meinen Hunden reicht ein energisches Räuspern!). Sagen Sie in dem Moment, in dem der Hund aufsteht, **nicht** „SITZ", denn er steht ja auf und sitzt nicht! Setzt er sich wieder, gehen Sie ganz entspannt ein paar Schritte zurück.

Der Hund wird schnell verstehen: Wenn ich aufstehe, wird Herrchen/Frauchen „ungemütlich", wenn ich sitzen bleibe, ist er/sie freundlich und zufrieden.

Beherrscht der Hund diese Steadyness-Übung und bleibt artig sitzen, gehen Sie zur nächsten Übung über.

Der Hund sitzt wiederum in Grundstellung und Sie halten die Leine in der linken Hand. Nun geben Sie erneut das Kommando „SITZ" und gehen um Ihren Hund im Kreis herum, wobei Sie die Leine stets um seinen Kopf mitführen, ohne ihn dabei zu stören. So lernt der Hund auch mit Ablenkung, dass er sitzen bleiben muss. Ist der Hund irritiert und steht auf, kommt sofort ein „NEIN". Sie stellen sich sogleich wieder neben Ihren Hund und lassen ihn erneut neben sich sitzen.

Diese Übung wird so oft wiederholt, bis der Hund verstanden hat: Egal was mein(e) Führer(in) tut, nach dem Kommando „SITZ" habe ich so lange zu sitzen, bis etwas Neues kommt!

Eine Vorbereitung auf das Abholen des Hundes oder auch des Herbei- oder Abrufen des Hundes, ist das SITZ auf Leinenlänge (s. o.). Auch wenn in der Prüfungsordnung (PO) für Begleithund (BH) verankert ist, dass der Hund im SITZ abgeholt und aus dem PLATZ abgerufen wird, so gibt es Prüfungen von Rassehundevereinen, die dem VDH angehören, die diese Fächer in den Prüfungen abgewandelt oder gar genau umgekehrt prüfen.

Hier entfernt sich Frauchen rückwärts von ihrer sitzenden Hündin, die artig sitzen bleiben muss.

Dieser Dobermann liegt vorbildlich im Platz.

Bleibt Ihr Hund also zuverlässig auf Leinenlänge sitzen, lassen Sie die Leine fallen und entfernen sich rückwärts mit Blickkontakt zu ihm. Gehen Sie nicht zu früh zu weit weg und unterstützen Sie Ihren Kamerad eventuell mit Ihrem Handzeichen. Macht Ihr Hund diese Übung brav, können Sie zum Hund zurückgehen und ihn loben. Beobachten Sie ihn bei solchen Entfernungsübungen genau und vermeiden Sie, dass er aufsteht oder gar eine „Ehrenrunde" über das Übungsgelände dreht! Dehnen Sie die Entfernung zu Ihrem Hund wirklich nur schrittweise aus und variieren Sie die Zeitdauer, bis Sie Ihren Hund wieder abholen oder herrufen!

Ist Ihr Hund einmal aufgestanden und entweder nur ein paar Schritte oder aber einige Meter gelaufen, setzen Sie ihn wieder exakt an dieselbe Stelle zurück, an der er hat SITZ machen **müssen**. Auch wenn es mühsam erscheint, es lohnt sich, denn der Hund „weiß" genau durch seine Nase, wo er gesessen hat! Bedienen Sie sich hierzu optischer Hilfen wie z. B. Abdrücke im Gras, ein Stückchen Holz, eine bestimmte Pflanze o. Ä.

Wenn Ihr Hund gerne seine Position verlässt, um durch den Rest der Übungsgruppe zu jagen oder mit anderen Hunden zu spielen, und Sie ihn nicht davon abhalten können, arbeiten Sie mit der langen Leine oder Wurfkette oder beginnen Sie Stück für Stück mit dieser Lektion von Anfang an!

Nachfolgend nochmals die Kommandos für SITZ.

| | |
|---|---|
| Stimme: | „SITZ" |
| Sichtzeichen: | Erhobener Zeigefinger |
| Pfeife: | ein Pfiff mit der schmalen Pfeife |

## PLATZ

Das Liegen (und Liegenbleiben!) auf Kommando ist für den Hund weitaus schwieriger als das Hinsetzen oder das freiwillige Herumliegen im Haus oder im Garten (das kann ein Hund stundenlang von selbst und er liegt uns ständig im Weg!). Das Platz auf Kommando stellt für den Hund eine absolute Unterordnungsübung dar, die teilweise von unseren vierbeinigen Kameraden nur sehr ungern absolviert wird.

### PLATZ aus der Grundstellung

Begonnen wird diese Übung von der Grundstellung aus, d. h., Ihr Hund sitzt neben Ihnen angeleint (Leinenende in der linken Hand!) in Kniehöhe auf der linken Seite. Bei den anfänglichen Übungen, den Hund ins Platz zu bekommen, führen Sie ihre rechte, flach ausgestreckte Hand mit einem Leckerbissen zwischen Daumenballen und Zeigefinger (vgl. Kapitel 1) vor der Schnauze Ihres Hundes mit einer leicht diagonalen Vorwärtsbewegung zu Boden, wobei Sie mit der linken Hand die Leine so weit gestrafft halten, dass der Hund mit seinem Körper nicht zu weit nach vorne gelangen kann, um den Leckerbissen noch halb im Sitzen zu ergattern.

Sobald der Hund sich wirklich hinlegt, kommt Ihr Kommando „PLATZ", wofür er ruhig gelobt wird und ein paar Streichler über seinen Rücken bekommt. Diese Übung wird ein paar Mal mit Leckerbissen wiederholt und irgendwann lassen Sie den Leckerbissen weg. Klappt es ohne Leckerbissen, d. h. nur mit Ihrem Kommando „PLATZ" und der Abwärtsbewegung Ihrer rechten Hand, dann können Sie sich freuen, weil Sie wahrscheinlich einen leichtführigen und schnell lernenden Hund besitzen. Bei einem nicht so leichtführigen, vielleicht sogar etwas widerspenstigen, sturen Hund bleibt Ihnen die nachfolgend beschriebene alternative Übung nicht erspart.

Der Hund sitzt in Grundstellung neben Ihnen und Sie halten die Leine in Ihrer linken Hand. Synchron zu Ihrem Kommando „PLATZ" führen Sie Ihre rechte Hand hinter die Vorderläufe Ihres Hundes und schieben ihm diese nach vorne weg. Sie können auch mit Ihrer linken Hand den Hund hinter seinem Hals im Schulterbereich zu Boden drücken. Bei leichten bis mittelschweren Hunden sollte diese Übung nach ein paar Wiederholungen funktionieren. Und nachdem der Hund erfolgreich richtig (d. h. nicht mit dem Gesäß ein paar Zentimeter über dem Boden!) liegt, wird erneut gelobt.

Es gibt jedoch Hunde, die sich partout nicht gerne auf Kommando hinlegen möchten. Bleiben Sie hart. Wenn Sie Ihrem Hund x-mal sagen „PLATZ" und dann resignieren und den Hund sitzen lassen, hat Ihr Kamerad wieder einmal bewiesen, dass er der Boss ist!

Bei solchen äußerst sturen Artgenossen, bei denen Sie sich endloses Gerangel ersparen möchten (stillschweigende Kommunikation), können Sie den Hund in Grundstellung neben sich sitzen lassen und die durchhängende Leine in beiden Händen halten, während Sie mit dem linken Fuß auf die zwischen Ihnen und dem Hund hängende Leine auf den Boden treten. Anschließend ziehen Sie die Leine so straff unter Ihrem Fuß hindurch, dass der Kopf des Hundes nach unten geht. Bis zu diesem Zeitpunkt sagen Sie **nichts**! Verweilen Sie in dieser Position und ziehen allmählich die Leine immer straffer, so dass es dem Hund immer unangenehmer wird sitzen zu bleiben. Irgendwann wird es dem Hund zu dumm und er wird sich hinlegen. Genau in diesem Moment kommt wieder Ihr Kommando „PLATZ" und Ihr anschließendes Lob. Insbesondere bei einem sturen Hund ist es zu empfehlen, bei den anfänglichen Platzübungen den Fuß so lange dicht neben der Halsung auf der Leine stehen zu lassen, bis Sie die Übung beenden.

Egal, auf welchem Weg Sie erreicht haben, dass Ihr Hund liegt. Er darf erst dann – und wirklich erst dann! – aufstehen, wenn Sie es ihm erlauben. Wählen Sie hierfür ein Kommando. Machen Sie Ihrem Hund z. B. durch eine aufmunternde Aufwärtsbewegung Ihres eigenen Körpers zu verstehen, dass er jetzt aufstehen darf, und sagen sie „SITZ".

Ein Hund, der, während er abgelegt ist, am Gras herumnagt, sich auf die Seite legt, um zu dösen, oder sich gar auf den Rücken legt, mit der Rute wedelt und zu Verstehen gibt: „Komm, Herrchen/Frauchen, spiel' mit mir!", steht nicht im Kommando. Er hat entweder vergessen, dass er abgelegt war, weil seine Konzentration nachgelassen hat, ihm ist langweilig oder aber er „muckt auf" nach dem Motto: „**Ich** habe jetzt keine Lust mehr!"

In all diesen Fällen lassen Sie Ihren Hund sitzen und legen ihn erneut ab. Wenn Sie den Eindruck haben, dass er sich zu diesem Zeitpunkt gegen das Abgelegtsein sträubt, üben Sie ein paar Minuten mit ihm Unterordnung, d. h. Leinenführigkeit (s. u.). Sie werden sehen, bald weiß Ihr Hund wieder, dass gearbeitet wird.

### PLATZ auf Entfernung

Wie bereits beim SITZ, wird auch das PLATZ auf Entfernung Stück für Stück geübt. Liegt Ihr Hund artig, zuverlässig und dennoch konzentriert über einen längeren Zeitraum links neben Ihnen, beginnen Sie damit, auf Leinenlänge vor Ihren Hund zu treten. Schauen Sie Ihrem Hund hierbei nie direkt in die Augen, sondern z. B. auf die Vorderpfoten, auf den Nacken oder sonst irgendwo hin: auf keinen Fall in die Augen, denn der Hund könnte dies als Animation Ihrerseits zum Aufstehen auffassen.

Jetzt, wenn Sie vor Ihrem Hund stehen, können Sie das Handzeichen dahingehend abändern, dass Sie ihm eine flache, waagerechte Hand (wie bei den Anfangsübungen mit der Abwärtsbewegung) und eine flache, offene Handfläche zeigen und ihm nochmals verbal das Kommando „PLATZ" geben. Die flache, offene Handfläche sieht ein Hund – wie den ausgestreckten Zeigefinger – auf weite Entfernungen!

Klappt diese Übung zuverlässig, lassen Sie die Leine fallen und gehen rückwärts vom Hund weg, beobachten ihn gut und unterstützen ihn wiederum per Handzeichen. Liegt der Hund zuverlässig für einige Sekunden (!), gehen Sie zu ihm zurück, lassen ihn sitzen und loben ihn dann ausgiebig.

Ab einem gewissen Ausbildungsniveau wird der Hund für das Liegen nicht mehr gelobt – es sollte selbstverständlich für ihn sein. Auch hier wird die Entfernung zum Hund allmählich gesteigert und die Zeitdauer, wie lange der Hund zu liegen hat, variiert. Beim kleinsten Ansatz, dass Ihr Hund aufstehen möchte, schauen Sie ihn bedrohlich an, gehen einen oder mehrere Schritte energisch auf ihn zu und sagen „NEIN". Legt er sich wieder, gehen Sie entspannt zurück! Auch hier wird der Hund schnell ein Gespür dafür entwickeln, was er tun soll und was nicht. Hat der Hund sich jedoch wirklich von seinem Platz entfernt, machen Sie sich die Mühe und legen Sie ihn erneut an derselben Stelle wieder ab (nutzen Sie wiederum optische Hilfen im Gelände).

Falls Ihr Hund – ähnlich wie bei der Sitz-Übung – zu denjenigen gehört, die gerne mal die Gruppe aufmischen, indem er über das ganze Übungsgelände rennt, eventuell noch markiert (!) oder buddelt (!) und sich weder stoppen, herrufen oder einfangen lässt, arbeiten Sie mit der langen Leine oder mit der Wurfkette. Bitten Sie gegebenenfalls den Ausbilder oder Übungsleiter um Hilfe.

Eine kleine Randbemerkung: Ein Hund der wegrennt und obendrein noch markiert oder ähnliche Unarten an den Tag legt, macht nichts anderes, als Ihnen zu zeigen, wer der Boss ist! Nämlich er, der Hund! Dieses Dominanzverhalten Ihnen gegenüber sollten Sie tunlichst im Keim ersticken.

Nachfolgend nochmals die Kommandos für PLATZ.

| | |
|---|---|
| Stimme: | „PLATZ" |
| Sichtzeichen: | anfänglich: Abwärtsbewegung und Zeigen der flachen, waagerechten Hand |
| | fortgeschritten: offene, flache Handfläche |
| Pfeife: | ein Träller mit der breiten Pfeife |
| | (für einen Junghund noch nicht geeignet) |

Mit dem „Träller-Pfiff" wird dieser Hund ins Platz gelegt. Man sieht dem Hund an, dass er durch diesen Ton beeindruckt ist.

144

Der Träller-Ton entsteht, wenn man kräftig in die breite Seite der Hundepfeife bläst. Ähnlich wie bei der Träller-Pfeife für Kinder beim Eisenbahnspiel entsteht ein sehr unangenehmes Geräusch. Dieser Träller-Ton wird eingesetzt, wenn man den Hund **nachdrücklich**, z. B. in Gefahrsituationen, auf Entfernung ins PLATZ befördern möchte. Anfänglich übt man dieses Kommando per Pfeife, wenn der Hund sich neben seinem Menschen befindet. In der Regel sind die meisten Hunde von diesem unangenehmen Geräusch so beeindruckt, dass sie sich von allein hinlegen. Ein Hund hingegen, der recht hart (im Nehmen) ist, bleibt von diesem Ton unbeeindruckt. Bei solch einem Hund sollte man zeitgleich zum Träller-Ton den Hund physisch unterstützen und ihn entweder recht unsanft nach unten drücken oder ihm abrupt die Vorderpfoten nach vorne ziehen.

Jeder muss für sich selbst entscheiden, ob diese recht harte Methode für seinen Hund geeignet ist oder nicht. Für einen äußerst sensiblen oder sehr jungen Hund ist dies bestimmt nicht ideal, kann jedoch auf Entfernung u. U. Leben retten.

## HIER

Dass das sichere Herkommen des Hundes im Alltag in allen Situationen ein Muss ist und daher auch unter Ablenkung in einer Gruppe geübt werden sollte, ist selbstverständlich! Wenn der Hund eine schöne Bindung an seinen Rudelführer hat und über einen gewissen Grundgehorsam verfügt, stellt in der Regel das Abrufen des Hundes kein Problem dar.

Zunächst lassen Sie Ihren Hund auf Leinenlänge sitzen oder liegen und rufen ihn einmalig „HIER" oder geben einen Doppelpfiff „Tüt-Tüt" mit der Pfeife und ziehen ihn mit der Leine, als wollten sie ein Boot einholen, in Bauchhöhe zu sich ganz dicht her. Ist er dicht genug vor Ihnen, bekommt er das Kommando „SITZ", wird gelobt und dann soll er (so schreibt es die Prüfungsordnung vor) von vorne um Ihre rechte Seite herum hinter Ihnen auf die linke Seite kommen, um anschließend wieder die Grundstellung einzunehmen.

Wie bekomme ich meinen vorsitzenden Hund in die Grundstellung?

Sitzt Ihr Hund richtig vor Ihnen, leinen Sie ihn ruhig an, geben
ihm das Kommando „FUSS", wobei Sie sich zeitgleich zum Kommando mit dem rechten Fuß beginnend links neben Ihren Hund
stellen. In dieser Position sitzt der Hund an Ihrer rechten Seite mit
dem Gesäß in Ihre Blickrichtung. Ziehen Sie während des Kommandos „FUSS" und Ihrem Schritt nach vorn Ihren Hund hinter
Ihrem Rücken im Uhrzeigersinn auf Ihre linke Seite und sagen
ihm „SITZ". Erst dann wird er gelobt.

Lachen Sie nicht, falls Ihnen das Geschriebene zu kompliziert
erscheint, machen Sie zu Hause einmal ein Trockentraining mit
einem angeleinten Stofftier oder sonst einem angeleinten Gegenstand (Kissen o. Ä.). Legen Sie das angeleinte Stofftier vor
sich, geben ihm das Kommando „FUSS" und gehen zeitgleich
einen Schritt nach vorn neben das Stofftier, das sich jetzt auf
Ihrer rechten Seite befindet. Ziehen Sie es anschließend an der
Leine einfach hinter Ihrem Rücken herum an Ihre linke Seite.
Ich gebe in meinen Kursen „Anfängern" (ich bevorzuge das eng-
lische Wort „Learner", weil wir ein Hundeleben lang alle lernen!) gerne eine meiner ausgebildeten Hündinnen für diese
Übung, da sie diese Übung beherrschen und sich der Führer
zunächst nur auf sich selbst und nicht auf seinen Hund konzentrieren muss.

Die Übung des Heranrufens ohne Hilfsmittel wird begonnen,
indem man den Hund in Grundstellung auf einmaliges Kommando sitzen oder liegen lässt, sich von ihm zunächst nur wenig und
später immer weiter entfernt, sich zu ihm umdreht und anschließend nach ein paar Sekunden (den Zeitraum sollte man zu
Übungszwecken stets variieren) auf einmaliges Kommando
„HIER" und/oder Sicht- oder Hörzeichen zu sich herruft.

Anfänglich sollten Sie insbesondere Ihrem Junghund helfen,
indem Sie sich interessant für ihn machen: Gehen Sie in die Hocke
und breiten Sie beide Arme aus und loben ihn kräftig für sein
Kommen. Liebeln Sie ihn ab, geben Sie ihm ein Leckerchen und
freuen sich zunächst einfach, dass er zu Ihnen gekommen ist.

Will Ihr Hund gar nicht kommen oder rennt er über den Platz,
machen Sie nie den Fehler und rennen Ihrem Hund hinterher,

niemals! Der Hund empfindet dies nur als lustiges „Fang-mich-doch-Spiel" und wird immer aufgedrehter.

Rennen Sie lieber mit Getöse weg und machen Sie sich interessant. Verstecken Sie sich, rufen Sie Ihren Hund erneut und lassen Sie sich von ihm suchen. Wenn er schließlich kommt, schimpfen Sie unter keinen Umständen mit ihm, sondern freuen Sie sich – auch wenn es Ihnen vor den anderen Teilnehmern vielleicht peinlich war, dass Ihr Hund sich daneben benommen hat. Das nächste Mal passiert **genau das** einem anderen.

Leinen Sie Ihren Hund wieder an und versuchen Sie diese Übung erneut. Ist auch die zweite Übung fehlgeschlagen, sollten Sie in kleinen Schritten wieder auf Leinenlänge (s. o.) oder mit der langen Leine beginnen, denn das falsche Erfolgserlebnis für den Hund hat sich gefestigt, nämlich dass er nach Lust und Laune herumrennen kann.

Ich persönlich bin kein Freund davon, insbesondere den jungen Hund sofort „vorsitzen" und auch noch die Grundstellung einnehmen zu lassen; das kann man ihm später noch beibringen. Einerseits denkt sich der Hund: Jetzt bin ich doch so toll zu dir gekommen und du verlangst sofort wieder etwas von mir, anstatt dich zu freuen! Hinzu kommt, dass man den Hund durch dieses „Vorsitzen" künstlich langsam macht, weil er vor Ihnen abbremsen muss.

Einen temperamentvollen, schnellen und freudigen Hund zu „bremsen" ist einfach! Einen zur Langsamkeit und Unfröhlichkeit erzogenen Hund aufzubauen, bedeutet hingegen sehr, sehr viel Geduld, Fingerspitzengefühl, Fantasie und manchmal ist es leider kaum mehr möglich, ihn aufzubauen! Was gibt es Schöneres, als wenn der Hund einen vor Begeisterung fast umrennt?

Wie dem auch sei: In der Begleithundeprüfung wird das Vorsitzen und das Einnehmen der Grundstellung (s. o.) verlangt.

## Vorsitzen

Der Hund sitzt oder liegt auf Entfernung vor Ihnen. Sie warten einige Sekunden ab, strecken Ihren rechten Arm nach oben (mit erhobenem Zeigefinger für SITZ oder mit flacher Hand für PLATZ) und rufen ihn dann mit dem Kommando „HIER" oder per Doppel-

Nach erfolgtem Vorsitzen geht der Hund um seine Führerin...

...um anschließend wieder auf die linke Seite von Frauchen zu kommen

pfiff zu sich her und senken gleichzeitig Ihren Arm herab und zeigen zwischen Ihre Füße. Nehmen Sie anfänglich einen Leckerbissen in die Hand und führen dann Ihre Hand, als würden Sie den Reißverschluss Ihrer Jacke bis zum Hals schließen, den Leckerbissen bis vor Ihre Brust.

Bleiben Sie, während der Hund zu Ihnen kommt, aufrecht stehen und gehen mit dem Oberkörper und Ihrem Gesicht (was schon Ihr Welpe immer gerne erreichen wollte!) eher etwas zurück. Beugen Sie sich unter keinen Umständen mit Ihrem Oberkörper nach vorn. Der Hund fühlt sich durch diese Geste eher bedroht und wird sich – wenn überhaupt – etwa einen Meter von Ihnen entfernt hinsetzen.

Bei Ihnen angelangt (aufrecht mit zurückgelehnter Haltung) wird der Hund ganz dicht an Sie herankommen und Ihrer „Reißverschlussbewegung" folgen und sich setzen, um den Leckerbissen oder Ihr Gesicht zu fixieren. In dem Moment kommt Ihr Kommando „SITZ", wofür der Hund gelobt wird und seinen Leckerbissen bekommt. Um in die Grundstellung zu kommen, nehmen Sie einen Leckerbissen in die rechte Hand, geben das Kommando „FUSS" und gehen zeitgleich zu Ihrem Kommando links neben Ihren Hund und zeigen ihm den Leckerbissen in Ihrer rechten Hand, den Sie nun hinter Ihrem Rücken in Ihre linke Hand tauschen. Der Hund wird dem Leckerbissen folgen. Nun halten Sie den Leckerbissen vor Ihre linke Brusthälfte und sagen und/oder zeigen Ihm das Kommando für SITZ. Erst dann bekommt er sein Lob und seine Belohnung.

Gehen Sie insbesondere auf den letzen Metern des Kommens Ihres Hundes nicht auf ihn zu. Er wird abbremsen! Wenn Sie möchten, dass Ihr Hund ganz nah zu Ihnen kommt, um vorzusitzen, gehen sie lieber ein paar Schritte zurück und locken ihn z. B. mit einem freundlichen „NÄHER" oder „RICHTIG HIER". Erst wenn der Hund perfekt vorsitzt, bekommt er das Kommando für FUSS.

Wenn alles bei Ihnen und Ihrem Hund in Fleisch und Blut übergegangen ist, wird der Hund automatisch nach dem Abrufen kommen, vorsitzen und auf Ihr dezentes Kommando „FUSS" die Grundstellung einnehmen.

Prüfen Sie sich auf Herz und Gewissen vor dieser Übung, was Sie später mit Ihrem Hund machen möchten. Für eine spätere

Dieser Schäferhund sitzt – wie für den Schutzdienst verlangt – vorbildlich vor.

weiterführende Schutzhundausbildung o. Ä. ist dieses Prüfungs-
fach ein absolutes Muss und Sie sollten diese Übung sehr ernst
nehmen. Wer später lieber mit seinem Hund Dummy-Arbeit machen möchte, für den ist diese Übung weniger wichtig, da die
Hunde bei einer Dummy-Prüfung nicht vorsitzen müssen.

## Leinenführigkeit

Leinenführigkeit bedeutet, dass der Hund stets auf Ihrer linken
Seite mit durchhängender Leine auf Ihrer linken Kniehöhe läuft –
egal wie schnell, wie langsam oder in welche Richtung Sie laufen.
Zunächst nehmen Sie mir Ihrem Hund die Grundstellung ein,
d. h., der Hund sitzt in Kniehöhe links neben Ihnen. Bevor Sie
loslaufen, machen Sie Ihren Hund auf sich aufmerksam! Er sollte
Sie erwartungsvoll anschauen. Erzeugen Sie ein Geräusch, tätscheln Sie Ihn liebevoll am Ohr, sprechen Sie ihn mit Namen an
oder dergleichen. In dem Moment, in dem Ihr Hund Sie „anhimmelt", sollte das Kommando „FUSS" kommen. **Zeitgleich** (korrektes Timing!) gehen Sie mit dem **linken** Fuß los und nehmen Ihren
Hund mit. Durch das Angehen mit dem linken Fuß wird der Hund
zum Mitgehen physisch unterstützt. Gehen Sie beherzt stur geradeaus und beobachten Sie Ihren Hund im Augenwinkel! Sobald
der Hund Sie „anhimmelt", sollte von Ihnen eine positive Rückmeldung in Form von Lob kommen wie etwa mit freundlicher
Stimme: „Gut so!", „Spitze!", „Feiner Hund" oder dergleichen.
Läuft Ihr Hund einmal unkonzentriert hinter Ihnen her, sollten
Sie Ihn stimmlich oder mit einem Gegenstand locken. Muntern
Sie ihn auf und vergessen Sie bitte nicht Ihre positive Rückmeldung, wenn er es gut macht, also Sie anhimmelt und korrekt links
auf Ihrer Kniehöhe neben Ihnen läuft! Sträubt sich hingegen Ihr
Hund trotz Ihrer Bemühungen vehement, schön mitzulaufen,
sollten Sie ihm einen kräftigen Leinenruck mit dem zeitgleichen
Kommando „FUSS" versetzen. In der Regel verknüpft der Hund
mit dem Leinenruck einen Nackenbiss seiner Mutter, der ihm sagt:
„Komm mit!"
Zieht hingegen Ihr Hund an der Leine nach vorne und versucht
womöglich noch in Ihren Ärmel zu beißen, dann sollte sofort ein

scharfes „NEIN" von Ihnen kommen, verbunden mit einem Leinenruck. Halten Sie bei einem Leinenruck Ihre Hände dicht vor dem Körper, d. h., die rechte Hand sollte sich in Richtung Ihrer rechten Schulter und Ihre linke Hand in Richtung Bauchmitte diagonal bewegen. Läuft Ihr Hund dann wieder korrekt FUSS und schaut Sie eventuell dabei noch an, vergessen Sie nicht das Lob! Nur durch Ihre Rückmeldung versteht Ihr Hund, dass er etwas richtig gemacht hat. Bauen Sie während Ihrer Übungen immer mal wieder Pausen ein!

Bleiben Sie stehen und ziehen Sie diagonal die Leine vor Ihrem Körper nach rechts oben: Sofort (!), wenn Sie stehen bleiben, sollte das Kommando für SITZ (Stimme, Pfiff oder Handzeichen) kommen. Nach erfolgreichem Sitzen wird Ihr Hund wieder gelobt (Stimme, Leckerbissen oder Tätscheln auf der Brust mit Ihrer rechten Hand).

Üben Sie täglich im Alltag kurz, aber konzentriert und genau.

• Grundstellung (Hund sitzt links neben Ihnen und ist aufmerksam).
• Angehen (Blickkontakt mit dem Hund suchen und loben), anschließend mit dem linken Fuß und dem Kommando „FUSS" losgehen.
• Anhalten (Hund sitzt: → Lob) – kurz warten, damit Hund und Führer sich sammeln können.
• Wieder mit Kommando „FUSS" angehen.
• Übung geradeaus ca. fünf- bis zehnmal wiederholen.

Beenden Sie bitte diese Übung nur erfolgreich, d. h., nicht gerade, wenn Ihr Hund wie ein Stier zieht. Lassen Sie ihn vielmehr erfolgreich sitzen und lassen Sie ihn dann auf Ihr Kommando hin „springen" (z. B. mit „JETZT", „LAUF" oder „SPRING").

| | |
|---|---|
| Stimme: | „FUSS" |
| Sichtzeichen: | evtl. einmal mit der linken Hand auf den linken Oberschenkel klopfen |
| Pfeife: | fällt weg – außer bei jagdlich geführten Hunden |

Dieser Jugendliche zeigt mit seinem Hund Leinenführigkeit sowie...

154

... Freifolge perfekt.

Was kann ich tun, wenn mein Hund nicht korrekt in der Grundstellung neben mir sitzt?

Vermeiden Sie es, physisch mit Ihren Händen auf Ihren Hund einzuwirken, indem Sie ihn mit seinem Körper zu sich herziehen, an ihm herumzerren oder ihn im Nackenfell packen. Wir haben ja als Hilfsmittel die Leine, unsere Körpersprache und unsere Stimme.

Sitzt Ihr Hund also schräg oder diagonal vor bzw. neben Ihnen, gehen Sie einfach ein paar Schritte rückwärts, ziehen Sie den Hund vor sich und anschließend mit dem Kommando „FUSS" hinter Ihrem Rücken herum erneut auf Ihre linke Seite. Anschließend bekommt der Hund erneut das Kommando „SITZ" und wird, wenn er es korrekt ausgeführt hat, wieder gelobt. Vermeiden Sie es, endlos mit der Hand auf Ihrem linken Oberschenkel herumzuklopfen und Ihrem Hund erfolglos x-mal das Kommando „FUSS" zu geben. Der Hund lernt nur, dass Sie wild gestikulieren, „FUSS" sagen und nichts passiert. Einmal „FUSS" – und auch durchsetzen!


## Rechtswendung

Ihr Hund ist imstande, neben Ihnen auf linker Kniehöhe freudig zu laufen und sucht Kontakt zu Ihnen! Bravo! Sie vergessen nicht, ihn zu loben, wenn er Sie anhimmelt! Ebenfalls Bravo! Jetzt kommen Sie zu der Übung „Rechtswendungen". Sie wissen, wie das geht – Ihr Hund noch nicht!

Gehen Sie ein paar Meter, mit dem linken Fuß beginnend und mit dem Kommando „FUSS", geradeaus und dann im ganz normalen Schritt weiter. Irgendwann – wenn der Hund gerade aufmerksam ist – gehen Sie im rechten Winkel nach rechts, indem Sie Ihren linken Fuß um 90 Grad gedreht nach rechts vor Ihren rechten Fuß setzen. In dem Moment, wenn Sie die Richtung wechseln, sollte erneut Ihr Kommando „FUSS" kommen, da der Hund ja – immer – links auf Ihrer Kniehöhe laufen und Ihrem Richtungswechsel folgen sollte. Gehen Sie wieder ein paar Meter geradeaus und wiederholen Sie die Übung einige Male, bis der Hund umgesetzt hat, was es bedeutet, links auf Ihrer Kniehöhe freudig mitzulaufen. Haben Sie einen „Sturkopf" an der Leine, der nicht zu Ihnen hochschaut, dann sind Sie gefordert!

Motivieren Sie Ihren Hund im richtigen Moment! Auch wenn es manchmal wegen dieses Sturkopfes noch so mühsam erscheint: Gehen Sie geradeaus auf das Kommando „FUSS", nehmen Sie Ihren Hund mit und loben Sie ihn für seinen liebevollen Blick – genau in diesem Moment – und dafür, dass er Sie anhimmelt. Sie entwickeln beidseitig schnell das Gefühl dafür. Nochmals: Üben Sie nicht monoton, sondern lieber selten und intensiv!

Insbesondere bei einem Hund, der dazu neigt „hinter Ihnen her zu trödeln", empfiehlt es sich, viele Rechtswendungen zu üben, damit der Hund schneller wird. Er ist gezwungen, schneller zu laufen, wenn Sie 90 Grad nach rechts abbiegen.

## Linkswendung

Starten Sie auch bei dieser Übung in Grundstellung, d. h., der Hund sitzt konzentriert links neben Ihnen. Gehen Sie mit dem linken Fuß los und geben gleichzeitig das Kommando „FUSS". Laufen Sie ein paar Meter geradeaus und gehen dann auf das erneute Kommando „FUSS" hin 90 Grad nach links. Die Linkswendung gestaltet sich einfacher, da Sie hierbei den Hund nicht locken müssen, sondern ihn vielmehr physisch, d. h. mit Ihrem linken Bein „abdrängen" können. Schubsen Sie ihn ruhig mit Ihrem Bein auf seiner Schulterhöhe um 90 Grad nach links weg. Ihr Hund wird schnell begreifen, dass „FUSS" und nach links wenden bedeutet, Ihnen auf Ihrer linken Kniehöhe zu folgen.

Insbesondere bei einem Hund, der dazu neigt, etwas vor Ihnen zu laufen, sollten Sie viele Linkswendungen machen, da Sie Ihn dadurch zwingen, langsamer zu laufen. Haben Sie einen Hund, der ständig versucht an der Leine zu ziehen, suchen Sie sich einen für den Hund unangenehmen Untergrund, z. B. einen Kies- oder Schotterboden. Durch diesen unangenehmen Untergrund ist der Hund gezwungen, vorsichtiger und somit langsamer und gesitteter zu laufen. Nutzen Sie Hindernisse wie z. B. Hecken, Mauern oder dergleichen aus, an denen Sie dicht entlang laufen, um den Hund daran zu hindern, nach links auszuweichen.

Wenn der Hund alle Übungen, d. h. Geradeauslaufen, Rechts- und Linkswendungen gut beherrscht, wenden Sie sich der nachfolgenden Übung, nämlich der Kehrtwendung zu.

Bei der Rechtswendung geht die Führerin 90 Grad nach rechts, wobei der Hund sich etwas beeilen muss, um links auf Kniehöhe zu bleiben

## Kehrtwendung

Wie alle Übungen beginnen Sie auch diese in der Grundstellung. Der Hund sitzt konzentriert links neben Ihnen, Sie halten das Leinenende in Ihrer rechten Hand und gehen mit dem linken Fuß auf das Kommando „FUSS" hin los. Nach einigen Metern machen Sie entweder auf das Kommando „FUSS" oder „KEHRT" eine Kehrtwendung, indem Sie sich entgegen dem Uhrzeigersinn (zum Hund hin) auf der Stelle umdrehen, wobei Sie die Leine hinter Ihrem Rücken herumziehen, von der rechten in die linke Hand wechseln und den Hund praktisch hinter Ihrem Rücken herum wieder auf Ihre linke Seite ziehen. Nach vollendeter Kehrtwendung nehmen Sie das Leinenende wieder in Ihre rechte Hand und laufen zügig weiter.

Seien Sie insbesondere bei der Kehrtwendung beherzt und gehen Sie einfach weiter. Bleiben Sie unmittelbar nach der Wendung nicht sofort stehen, sondern gehen Sie ein paar weitere Schritte geradeaus. Wenn Sie nämlich innerhalb der Kehrtwendung selbst irritiert stehen bleiben, wird der Hund nicht verstehen, was Sie von ihm erwarten, nämlich, dass er mit Ihnen laufen soll. Der Hund wird ansonsten verwirrt stehen bleiben oder sich schräg neben Sie setzen und Sie fragend anschauen.

Also nochmals: Grundstellung, angehen, geradeaus laufen, nach ein paar Metern auf das Kommando „FUSS" oder „KEHRT" hin auf der Stelle gegen den Uhrzeigersinn umdrehen, die Leine hinter dem Rücken wechseln und den Hund mit herumziehen und einfach weiter geradeaus gehen. Auch diese Übung wieder in Grundstellung beenden, indem Sie irgendwann wieder anhalten und der Hund auf Ihrer linken Kniehöhe sitzt.

Auch wenn viele Hundeführer bei der Kehrtwendung das Kommando „FUSS" einsetzen: Ich bevorzuge das Kommando „KEHRT"! Langfristig – nachdem der Hund verinnerlicht hat, dass „KEHRT" bedeutet, auf der Stelle umzudrehen – wird der Hund auch auf einem Spaziergang auf Ihr Kommando „KEHRT" hin um 180 Grad kehrt machen, wenn Sie die Richtung wechseln, während „FUSS" generell bedeutet, links neben Frauchen oder Herrchen auf Kniehöhe zu laufen.

Dieser junge Mann zeigt mit seiner führigen Hündin gleich eine korrekte Kehrtwendung...

...indem er sich gegen den Uhrzeigersinn zur Hündin dreht...

... und die Leine hinter seinem Rücken von einer Hand in die andere wechselt, um dann geradeaus weiterzulaufen.

## Verschiedene Gangarten

Der führige Hund sollte imstande sein, in drei verschiedenen Gangarten neben Ihnen zu laufen.

Für die normale Gangart geben Sie dem Hund das ganz normale Kommando „FUSS" und gehen zügig und gleichmäßig mit Ihrem vierbeinigen Kamerad neben sich, wobei dieser stets die Aufmerksamkeit auf Sie gerichtet haben sollte.

Der Hund sollte ebenfalls in schneller Gangart aufmerksam neben Ihnen herlaufen können. Wenn Sie also von der normalen in die schnelle Gangart wechseln, benutzen Sie erneut das Kommando „FUSS", jedoch aufmunternder und energischer. Sie sagen aufmunternd „FUSS" und verfallen sofort in Laufschritt. Wenn Sie wieder in den normalen Schritt wechseln wollen, bekommt der Hund wiederum ein ruhigeres Kommando „FUSS" und Sie werden sofort langsamer.

Anschließend verlangsamen Sie Ihren Schritt extrem mit einem ganz ruhigen und lang gezogenen Kommando „FUUUUSS"! Diese Übung ist für den Hund am schwierigsten, da er sich sehr konzentrieren muss, langsam zu laufen, ohne dabei zu dösen! Ein Hund muss diese langsame Gangart jedoch ebenfalls beherrschen, weil man manchmal z. B. in Menschenmengen gezwungen ist, langsam zu gehen. Ich nenne diese Gangart gerne „Schaufensterbummel".

# Freifolge

Sie und Ihr Hund beherrschen nun die Leinenführigkeit, d. h.

- Grundstellung (der Hund sitzt links neben Ihnen).
- Angehen und Geradeauslaufen mit Stehenbleiben (der Hund nimmt die Grundstellung ohne Kommando ein).
- Richtungswechsel: rechts, links und kehrt.

Und alles klappt mit durchhängender Leine!

Jetzt sind Sie und Ihr Hund auf dem Niveau angelangt, auf dem Sie beginnen können, all die zuvor beschriebenen Übungen ohne Leine zu versuchen. Seien Sie bei dieser Übung von sich und

„Frei-bei-Fuß" mit Frauchen.

Ihrem Hund überzeugt und lassen Sie keine Unsicherheiten aufkommen. Nehmen Sie Ihren Hund in Grundstellung, leinen Sie ihn ab und benehmen sich so, als wäre zwischen Ihnen immer noch die (unsichtbare) Leine. Machen Sie Ihren Hund auf sich aufmerksam, gehen Sie beherzt auf das Kommando „FUSS" hin los und nehmen Sie Ihren Hund mit. Läuft er freudig neben Ihnen, loben und unterstützen Sie ihn: „Gut so!", „Spitze!", „So ist's fein!" etc.

Glückwunsch, wenn das klappt, Sie sind ein(e) gute(r) Hundeführer(in)! Wagen Sie sodann die ersten Richtungs- und Gangartwechsel. Beenden Sie die Übungen in Grundstellung, loben Sie Ihren Hund und freuen Sie sich – Sie haben es geschafft! Ihr Hund ist (leinen)führig!

Sobald der Hund bei der Freifolge jedoch ausbricht – sei es, dass er trödelt, nach links abdriftet oder zu weit vorne läuft – leinen Sie ihn für ein paar Lektionen wieder an und machen mit ihm Unterordnungsübungen an der Leine: Rechts-, Links-, Kehrtwendungen und alle Gangarten. Ist der Hund wieder konzentriert, versuchen Sie es erneut ohne Leine. Seien Sie nicht ungeduldig und machen Sie nicht den zweiten vor dem ersten Schritt. Wenn die Freifolge noch nicht zuverlässig klappt, gehen Sie wirklich lieber wieder einen Schritt zurück – mit Leine!

Sehr hilfreich ist es oft, wenn Sie den Hund zwar ableinen, jedoch das Leinenende auf seinem linken Schulterblatt baumeln lassen, so dass er dies noch spürt – der Hund ist dann zwar nicht an der Leine, fühlt sich jedoch noch so. Ist der Hund irgendwann wieder konzentriert, ziehen Sie das Leinenende hoch, so dass es den Hund nicht mehr berührt. Sie werden schnell ein Gefühl dafür entwickeln, ob der Hund bei Ihnen im Kommando steht oder nicht. Dulden Sie jedoch generell nicht, dass der Hund trödelt, vorausläuft oder nach links abdriftet! „FUSS" heißt FUSS!

Bei jeder Prüfung werden Ihnen Punkte abgezogen, wenn der Hund – mit oder ohne Leine – nicht korrekt, d. h. in allen Situationen links auf Ihrer Kniehöhe läuft.

## SITZ in Verbindung mit Heranholen

Nehmen Sie die Grundstellung ein und sagen Ihrem Hund erneut, dass er sitzen soll. Unterstützen Sie ihn eventuell mit einem Handzeichen (erhobener Zeigefinger) und gehen Sie 10, 20 oder 30 Meter von Ihrem Hund weg. Sind Sie sich sicher, dass Ihr Hund sitzen bleibt, wird die Übung funktionieren. Wenn Sie hingegen selbst unsicher sind, wird der Hund wahrscheinlich aufstehen und Ihnen folgen, weil sich Ihre eigene Unsicherheit auf den Hund überträgt.

Nachdem Sie sich von Ihrem Hund entfernt haben, drehen Sie sich entweder zu ihm um und rufen ihn oder aber Sie gehen zurück zum Hund und stellen sich auf seine rechte Seite.

Ich empfehle bei der Abruf-Übung nicht nur das Kommando „HIER", sondern erst den Namen und dann das Kommando, damit der Hund sich angesprochen fühlt und darauf einstimmen kann, dass gleich etwas von ihm verlangt wird. „Ringo – HIER!" oder „Ringo – Tüt-Tüt" (zweimaliger Pfiff mit der Pfeife). Kommt Ihr Hund freudig auf Sie zu, halten Sie Ihre rechte Hand vor Ihren Schritt und führen sie bis zu Ihrem Hals hoch (Reißverschluss der Jacke zumachen). Sodann bekommt der Hund das Kommando „SITZ". Sitzt der Hund vor Ihnen, warten Sie ein paar Sekunden ab, damit Sie und Ihr Hund sich wieder sammeln können. Anschließend bekommt der Hund das Kommando „FUSS" und sollte hinter Ihnen herumlaufen, um auf Ihrer linken Seite erneut die Grundstellung einzunehmen.

Wie bekomme ich meinen Hund nach erfolgreichem Kommen und Vorsitzen wieder in Grundstellung?

Ihr Hund sitzt vor Ihnen. Machen Sie einen Schritt nach vorne auf Gesäßhöhe neben Ihren Hund, der jetzt rechts neben Ihnen sitzt. Anschließend zeigen Sie mit Ihrer rechten Hand hinter Ihren Rücken, geben das Kommando „FUSS" und locken ihn dann mit Ihrer linken Hand auf Ihre linke Seite. Hat das funktioniert, kommt erneut das Kommando „SITZ" und der Hund wird gelobt. Klappt diese Übung nicht „freihändig", leinen Sie Ihren Hund nach dem Kommen, wenn er vorsitzt, an und ziehen ihn zeitgleich zum Kommando „FUSS" um sich herum auf Ihre linke Seite.

# PLATZ in Verbindung mit Heranholen

Es kann von Verein zu Verein variieren, ob der Hund entweder aus dem SITZ abgerufen (Jagdhunde) oder wieder vom Führer abgeholt wird oder aber vom PLATZ aus abgerufen wird. So oder so, der Hund sollte beide Varianten beherrschen.

Ihr Hund liegt in der Platz-Position in gewisser Entfernung vor Ihnen. Sie schauen ihm nicht in die Augen. Sie warten – immer zeitlich variierend – ein paar Sekunden und rufen dann Ihren Hund mit dem Kommando „HIER". Der Hund sollte unverzüglich, schnell und freudig zu Ihnen laufen, vorsitzen und anschließend wieder die Grundposition einnehmen.

Bei den ersten Übungen unterstützen Sie noch den Hund, bevor Sie ihn im „PLATZ" allein lassen, geben ihm eventuell nochmals das Sichtzeichen (flache Hand) und gehen von ihm weg. Solange der Hund liegen bleiben soll, schauen Sie ihm nicht in die Augen! Kurz vor dem Kommando „HIER" schauen Sie ihn an, damit er sich angesprochen fühlt und rufen ihn: „Ringo, HIIIER!" und geben ihm eventuell noch ein unterstützendes Handzeichen. Der rechte Arm bewegt sich winkend nach unten an den rechten Oberschenkel.

Bei diesen Übungen wird der Hund – im Unterschied zur Prüfungssituation – noch tüchtig für sein Kommen gelobt. Anschließend sollte der Hund vorsitzen, wird hierfür erneut gelobt und anschließend mit dem Kommando „FUSS" wieder in Grundstellung gebracht. Auch hierfür wird er beim Üben gelobt.

Ich betone an dieser Stelle, dass der Hund beim Üben und nicht auf einer Prüfung gelobt wird. Ich finde diese Prüfungssituation für den Hund zwar schade, bin aber der Meinung, dass es ihm nicht schadet, hundertmal beim Üben gelobt zu werden und einmal auf einer Prüfung nicht!

## Ablegen in Sicht des Führers

Starten Sie wieder nach ein paar Unterordnungsübungen in der Grundstellung. Gehen Sie im normalen Schritt mit Ihrem Hund ein paar Meter geradeaus. Bei einem noch weniger gut ausgebildeten Hund bleiben Sie stehen, geben dem Hund das Kommando „SITZ" und warten ein paar Sekunden, damit der Hund das soeben Ausgeführte umsetzen kann. Anschließend bekommt Ihr Hund im ruhigen Ton das Kommando „PLAAAATZ!". Dies ist eine ruhige Übung, bei der Sie auch Ruhe ausstrahlen sollten. Leinen Sie Ihren Hund ab, merken Sie sich die Stelle, an der er liegt, und schauen Sie ihm nicht in die Augen. Entfernen Sie sich ein paar Meter und geben ihm eventuell ein unterstützendes Sichtzeichen (die flache offene Handfläche), dass er liegen bleiben soll.

Ist Ihr Hund hingegen psychisch und physisch gereift, können Sie ihm aus der Bewegung heraus das Kommando zum Ablegen geben: „PLATZ!" oder (sehr unangenehm für den Hund) einen Träller mit der breiten Seite der Pfeife. Das Hinlegen sollte der Hund dann allerdings nicht zögerlich durchführen, sondern schnell und zuverlässig.

In dem Moment, in dem Sie stehen bleiben und das Kommando zum Ablegen geben, sollten Sie auf keinen Fall die Leine nach oben ziehen und somit einen Zug auf das Halsband ausüben. Im Gegenteil, machen Sie durch Ihre eigene Körperhaltung mit, indem Sie die linke flache Hand vor der Schnauze des Hundes nach unten bewegen und selbst mit dem Körper etwas nach unten gehen. Helfen Sie Ihrem Hund! Wie soll er verstehen, dass er sich hinlegen soll, während Sie aufrecht stehen bleiben, ihm lediglich „PLATZ" sagen und ihn womöglich noch durch das Hochziehen der Leine daran hindern sich hinzulegen?

Sträubt sich ein Hund bei dieser Übung enorm, verlieren Sie nicht die Nerven und schreien Sie ihn nicht x-mal an: „PLATZ, PLATZ, PLATZ ..." und nichts passiert. Geben Sie vielmehr einmal Ihr Kommando und drücken ihn gegebenenfalls mit der Hand auf seinen Schulterblättern nach unten. Der Hund wird Gegendruck ausüben und sich eventuell wehren. In diesem Fall treten Sie einfach schweigend auf die Leine und warten ab – auch wenn es Ihnen endlos vorkommt. Irgendwann wird es auch dem stursten Hund zu dumm, so nach unten gezogen zu werden. Sobald der Hund resigniert und sich hinlegt, kommt das Kommando „PLATZ!".

Liegt also schließlich Ihr Hund, entfernen Sie sich und warten Sie eine Weile, ohne ihm dabei in die Augen zu schauen. Der

Hund fühlt sich sonst aufgefordert, etwas für Sie zu tun und steht auf. Oder er fühlt sich durch Ihren (Dominanz-)Blick irritiert. Schauen Sie ihm auf die Vorderpfoten, auf den Rücken oder sonstwo hin, aber bitte nicht in die Augen. Variieren Sie die Zeitdauer, wie lange Ihr Hund abgelegt ist, er hat – wie Sie wissen – eine innere Uhr und lernt schnell, wie lange z. B. eine Minute dauert!

Wenn Ihr Hund diese Übung zuverlässig beherrscht, gehen Sie ruhig zu ihm zurück und stellen Sie sich neben ihn auf die rechte Seite. Verweilen Sie eine kurze Zeit und geben Sie dem Hund erst dann das Kommando „SITZ" und erlösen ihn somit aus seiner Platzposition, die für den Hund übrigens eine absolute Unterordnung bedeutet.

Bauen Sie auch einmal die Übung ein, dass Sie Ihren für eine Weile abgelegten, unangeleinten Hund abrufen. Der Hund liegt in einiger Distanz vor Ihnen. Sie haben ihn im Blick (nicht in die Augen schauen) und dann kommt Ihr Kommando: „Ringo, HIIIER!". Ihr Hund sollte auf direktem Weg und freudig zu Ihnen kommen und wie beim Abrufen aus dem SITZ heraus vor Ihnen vorsitzen, um anschließend FUSS zu kommen und die Grundstellung einzunehmen. Dann wird er gelobt!

Ein abgelegter Hund hat weder am Gras zu rupfen, auf einem Stöckchen zu nagen, sich nicht auf die Seite oder den Rücken zu legen. In diesen Fällen ist der Hund nicht mehr im Kommando. Er sollte mit angezogenen Hinterläufen und ausgestreckten Vorderpfoten auf dem Bauch liegen, und zwar entspannt, aber konzentriert bei der Sache sein.

Auch wenn es noch so mühsam – für Sie – ist: Steht Ihr Hund während der Ablege-Lektion auf oder robbt auch nur ein paar Zentimeter weiter, machen Sie sich die Mühe und korrigieren Sie Ihren Hund. Wenn er sich von seinem Platz entfernt, strafen Sie ihn hierfür sofort mit einem „NEIN" (nicht „PLATZ", weil er ja aufgestanden ist oder robbt). Gehen Sie ruhig zu Ihrem Hund, befördern ihn mit Hilfe der Leine (nicht am Fell packen) wieder exakt an die Stelle, wo er lag, geben ihm jetzt erneut das Kommando „PLATZ" und entfernen sich wieder. Vorsicht: Beobachten Sie Ihren Hund gut! Gehen Sie lieber nach ein paar Sekunden wieder zu Ihrem Hund, **bevor** er aufsteht oder robbt. Er lernt sonst lediglich, dass er nicht korrekt dort liegen bleiben muss, wo Sie ihn abgelegt haben, und merkt, dass er trotzdem machen kann, was er möchte.

## Ablegen außer Sicht des Führers

Klappt die Übung mit dem Ablegen in Sicht zuverlässig, beginnen Sie damit, Ihren Hund abzulegen und sich zu verstecken. Wenn Sie hoffentlich in einer Gruppe üben, sollte ein Teilnehmer oder der Übungsleiter zu Ihnen und dem abgelegten Hund Sichtkontakt haben, um Sie zu informieren, wenn der Hund entweder droht aufzustehen oder bereits aufgestanden ist. Üben Sie anfänglich lieber ganz kurz und steigern dann die Zeitdauer, als dass Sie sofort mit mehreren Minuten beginnen und der Hund ständig aufsteht.

Falls Sie im Alltag für sich allein üben, nutzen Sie Versteckmöglichkeiten, in denen Ihr Hund Sie nicht vermutet, Sie ihn jedoch beobachten können. Legen Sie Ihren Hund z. B. in die Garage, verlassen Sie diese und beobachten ihn durch ein Fenster. Legen Sie Ihren Hund im Wald vor eine Hütte, verschwinden Sie hinter der Hütte und beobachten ihn von der anderen Seite der Hütte aus usw. Immer wenn Ihr Hund aufstehen möchte, kommt Ihr „NEIN". Sie gehen zurück zum Hund, sagen ihm erneut „PLATZ" und verschwinden wieder.

Egal wo und wie lange Sie Ihren Hund abgelegt haben: Bei Ihrer Rückkehr darf der Hund nicht unaufgefordert aufstehen, geschweige denn vor Wiedersehensfreude an Ihnen hochspringen. Bei Ihrer Rückkehr sagen Sie ihm ein ganz leises „BLEIB" oder geben ihm unterstützend nochmals das Handzeichen (flache Handfläche), dass er liegen bleiben soll. Erst wenn Ihr Kommando kommt, darf der Hund sich setzen und wird dafür gelobt! Nach vielen Wiederholungsübungen wird der Hund irgendwann umgesetzt haben, dass die Rückkehr von Frauchen/Herrchen nicht gleichbedeutend mit Aufstehen oder Hochspringen ist, sondern er wird souverän liegen bleiben, bis Sie ihn erlösen.

Aus der Freifolge
heraus...

...wird dieser
Golden Retriever
abgelegt.

Nach einiger Zeit darf sich der Hund auf Kommando wieder setzen und wird dann gelobt.

## Ablegen außer Sicht des Führers mit Ablenkung

Beherrscht Ihr Hund das PLATZ in Sicht oder außer Sicht von Ihnen, so können Sie beginnen ihn abzulenken. Der Hund liegt außer Sicht von Ihnen (er hat ja so viel Erfahrung und Vertrauen, dass er weiß, dass Sie wiederkommen) und nun geht zum Beispiel ein anderes Gespann (Mensch mit Hund) an Ihrem abgelegten Hund in angemessenem Abstand vorbei. Der Hund sollte zwar beobachten, was um ihn herum passiert, jedoch vertrauensvoll liegen bleiben und auf Ihre Rückkehr warten.

Üben Sie solche Situationen auch im Alltag. Wenn Sie z. B. der Meinung sind, dass Ihr Hund zuverlässig in jeder Situation liegen bleibt, legen Sie ihn auf Spaziergängen bewusst an einen Wegrand, wenn Ihnen ein Fahrrad oder ein Jogger entgegenkommt, und verstecken Sie sich. Das Abgelegt-Sein erfordert vom Hund viel Erfahrung, Sicherheit und Bindung zu Ihnen. Hat Ihr Hund uneingeschränktes Vertrauen zu Ihnen, so wird er akzeptieren, dass Sie ihn ablegen und zeitweise allein lassen – egal, was um ihn herum passiert.

Das zuverlässige PLATZ des Hundes kann auf Entfernung sehr wichtig sein. Kommt z. B. ein Auto oder ein Reiter, ist es sehr nützlich, wenn Ihr Hund sich auf Ihr einmaliges Kommando hin stoppen, d. h. ablegen lässt. Einerseits vermittelt ein auf Kommando abgelegter Hund ein sichereres Gefühl, andererseits ist es manchmal in Gefahrensituationen schwierig, seinen Hund schnell genug zu sich herzurufen. Ich selbst habe mich schon oft gewundert, wie schnell ein Traktor über einen Feldweg rasen kann!

## Apportieren

Je nach Neigung des Hundes gestaltet sich das Erlernen des zuverlässigen Apportierens mehr oder weniger schwierig. Manch ein Hund hat das Apportieren im Blut, ein anderer wiederum muss es wirklich – durch Sie – lernen! Richtiges Apportieren beinhaltet Beute- und Bringtrieb, d. h., der Hund muss zu einem Gegenstand hinlaufen, ihn aufnehmen, ihn zum Führer zurückbringen und auf Kommando auch wieder Aus-Geben!

Wenn Sie langfristig mit Ihrem Hund Apportier- oder Dummy-Arbeit machen möchten, kann ich Ihnen nur nochmals ans Herz legen, von klein auf keine sinnlosen Gegenstände in der Gegend herumzuwerfen, die der Hund zwar gerne verfolgt, aufnimmt, aber nicht bringt, wie z. B. Äpfel, Stöcke, Schneebälle usw.

Korrektes Apportieren heißt: Ihr Hund sitzt in Grundstellung neben Ihnen, Sie oder ein Helfer werfen ein Dummy oder Apportel und der Hund hat zu warten, bis Ihr Kommando „APPORT" kommt. Anschließend sollte der Hund auf direktem Weg zum geworfenen Gegenstand laufen, ihn aufnehmen und ihn dann auf direktem Weg freudig und in schneller Gangart zu Ihnen bringen, ohne auf dem Gegenstand herumzubeißen oder ihn zu schütteln, vorsitzen und den Gegenstand so lange festhalten, bis er von Ihnen das Kommando „AUS" bekommt.

Bei einem Hund mit Apportier-Anlagen beginnt man das Training am besten an der Leine, indem man den Hund den gewünschten Gegenstand erst einmal freudig tragen lässt, wofür er gelobt wird. Das Loben für das Tragen ist äußerst wichtig, damit der Hund sich toll findet, wenn er den besagten Gegenstand im Fang hält. Nach einigen Metern nimmt man dem Hund den Gegenstand mit dem Kommando „AUS" wieder ab, wofür er nicht gelobt wird. Der Hund wird für das Ausgeben nicht gelobt, da er sonst irgendwann zum „Ausspucken" neigt, was er ja nicht soll. Auch wenn es noch so schwer fällt: Für das Tragen wird der Hund gelobt, nicht aber für das Ausspucken.

Sind Sie der Meinung, dass Ihr Hund gerne apportiert, können Sie damit beginnen, mit Ihrem Hund in Grundstellung ein Dummy zu werfen (der Hund bleibt sitzen) und anschließend gemeinsam mit Ihrem angeleinten Hund zum Gegenstand zu laufen. In dem Moment, wenn Sie beide an dem Dummy angelangt sind und der Hund Anstalten macht, dieses aufzunehmen, kommt das Kommando „APPORT" und Sie laufen mit Ihrem Hund zurück zum Ausgangspunkt. Auf dem gesamten Rückweg wird der Hund freundlich für seine Arbeit gelobt: „Feiner Hund", „Halt fest" oder „So ist's gut".

Am Ausgangspunkt halten Sie an und der Hund befindet sich mit dem Dummy im Fang vor Ihnen. Ruhig bekommt er das Kommando „SITZ" und wird weiterhin für das Festhalten des Dummys

Die Apportierübung ist erfolgreich beendet.

gelobt. Krabbeln Sie den Hund im Halsbereich und gehen Sie dabei in die Hocke. Nach ein paar Sekunden bekommt Ihr Hund das Kommando „AUS" und wird **nicht mehr gelobt!**

Klappt diese Übung, können Sie beginnen, den unangeleinten Hund neben sich sitzen zu lassen, einen Gegenstand zu werfen oder werfen zu lassen und dann das Kommando „APPORT" geben. Im optimalen Fall rennt der Hund hin, nimmt ihn auf und kommt freudig direkt zu Ihnen zurück, sitzt vor und hält den Gegenstand im Fang, bis Sie ihm erlauben, AUS zu geben. Bravo! Dann apportiert Ihr Hund perfekt!

Es gibt allerdings auch Hunde, die es z. B. nicht abwarten können, bis das Kommando zum Apportieren kommt. In solch einem Fall halten Sie Ihren Hund in Grundstellung angeleint und geben ihm – während der Gegenstand fliegt – nochmals das Kommando „SITZ". Warten Sie in aller Ruhe ab, bis das Apportel oder der Dummy auf dem Boden liegt, und geben dann dem abgeleinten Hund das Kommando für das Apportieren.

Ferner gibt es Hunde, die zwar toll apportieren, aber einen ungeheuren Beutetrieb entwickeln. Sie rennen hin, nehmen auf und

Nach dem Apportieren
sitzt der „apportiersichere" Hund
geduldig mit dem Dummy
vor und wartet auf das Kommando
zum „AUS-Geben".

drehen entweder Ehrenrunden über das Übungsgelände oder aber verfallen in Spielstimmung, indem Sie mit den Vorderläufen nach unten, Gesäß nach oben mit dem Dummy im Fang Frauchen/ Herrchen anwedeln nach dem Motto: „Meine Beute, fang mich doch!" Rennen Sie um Himmels Willen solch einem Hund ja nicht schreiend hinterher. Der Hund wird Ihr Verhalten nur als tolles Spiel auffassen und sich gerne von Ihnen jagen lassen. Verstecken Sie sich mit Getöse – wirklich außer Sicht des Hundes. Er wird Sie gerne – mit Dummy im Fang – suchen und finden! Wenn Ihr Hund dann endlich bei Ihnen ist und Ihnen den Gegenstand präsentiert, freuen Sie sich wie an Weihnachten! Sie haben den Bringtrieb bei Ihrem Hund gefördert.

Werden Sie hingegen der Situation absolut nicht mehr Herr und Ihr Hund zeigt Ihnen mit dem Dummy im Fang, „wer der Boss" ist, sollten Sie Ihren Hund nur an der langen Leine apportieren lassen, damit ihm die Möglichkeit zum „Unsinnmachen" genommen wird.

Werfen Sie in Grundstellung ein Dummy oder bitten Sie einen Helfer eines zu werfen. Lassen Sie dann Ihren Hund auf Ihr Kommando hin an der langen Leine apportieren und holen ihn anschließend „nach Hause", wobei Sie ihn auf dem Rückweg unterstützen und loben sollten.

Generell möchte ich abschließend zum Thema Apportieren erwähnen, dass ein Hund über einen gewissen Grundgehorsam verfügen sollte, bevor er apportiert, da Sie den Hund beim Apportieren nur noch auf Entfernung kontrollieren können. Verzagen Sie nicht, wenn das Apportieren nicht von vornherein klappt – das kann eine der schwierigsten Übungen sein, aber ein Hundeleben lang eine sehr sinnvolle Beschäftigung für Sie und Ihren Hund darstellen.

Viele Hundeführer/innen fragen sich nach erfolgreich abgelegter Begleithundeprüfung: Ja, und was jetzt? Mein Hund ist (leinen)führig, beherrscht SITZ, PLATZ und HIER, er lässt sich zuverlässig stoppen – aber das kann ja wohl die nächsten acht bis zwölf Jahre nicht alles sein.

Je nach Fähigkeiten und Veranlagungen des Hundes gibt es zahlreiche Möglichkeiten, mit ihm weiterführende, spezielle Ausbildungen – z. B. Dummy-Arbeit, Schutzdienst, Fährtenarbeit,

Rettungshund, Therapiehund – zu absolvieren oder bestimmte Sportarten auszuüben wie Agility, Flyball, Turnierhundesport oder Obedience.

## Schuss

Mancher Rassehundeverein verlangt auf Begleithundeprüfungen die „Schussfestigkeit" des Hundes. Auf mehreren Distanzen wird geschossen und geprüft, ob der Hund schussfest, schussempfindlich oder gar schussscheu ist.

Schussfestigkeit ist eine Wesensveranlagung und die kann man nicht üben: Entweder ist ein Hund schussfest oder nicht! Man kann zwar einen schussscheuen Hund an den Schuss irgendwie gewöhnen, jedoch frage ich mich, ob das Sinn macht. Der Hund muss in solch einem Fall wirklich etwas aushalten, was fast schon „unhundlich" ist. Falls Sie einen schussempfindlichen oder schussscheuen Hund besitzen, fragen Sie sich doch einfach: „Muss mein Hund das aushalten? Bin ich Jäger? Ansonsten ist doch mein Hund im Alltag ein treuer und zuverlässiger Begleithund!"

Wenn also der Hund schussempfindlich ist und Schussfestigkeit nicht unbedingt für weiterführende Arbeiten oder Ausbildungen verlangt wird, sollten Sie ihm diese Prüfungsaufgabe ersparen.

# 6 Begleithundeprüfung

Die meisten Hundeführer, die in der Regel etwa ein Jahr lang mit ihrem Hund fleißig trainiert haben, möchten für sich selbst als Bestätigung, dass sie einen solide ausgebildeten Hund haben, an einer Begleithundeprüfung teilnehmen. Und viele wollen mit ihrem Hund noch eine weiterführende Ausbildung (z. B. zum Rettungs- oder Fährtenhund o. Ä.) beginnen, für die eine erfolgreich absolvierte Begleithundeprüfung Voraussetzung ist. Auch die Teilnahme an Hundesportaktivitäten wie Agility oder Obedience setzen bestandene Begleithundeprüfungen voraus.

Eine Begleithundeprüfung besteht aus zwei Teilen, Teil A und Teil B. Die höchste erreichbare Punktzahl beträgt 60 Punkte.

Um Ihnen ein Bild zu vermitteln, was von Ihnen und Ihrem Vierbeiner auf einer Begleithundeprüfung verlangt wird, möchte ich die komplette Prüfungsordnung des Verbandes für das deutsche Hundewesen (VDH), Stand 01. 01. 1996, im Folgenden zitieren. Hierin heißt es wie folgt:

## Allgemeine Bestimmungen

Zugelassen sind Hunde aller Rassen und Größen. Das Zulassungsalter beträgt 12 Monate. Am Schluss der Prüfung werden keine Ergebnisse nach Punkten, sondern nur ein Werturteil „Bestanden" oder „Nicht bestanden" vom Richter bekannt gegeben. Die Prüfung ist bestanden, wenn im Teil A 70 % der zu erreichenden Punkte (Anmerkung von mir: d. h. 42 Punkte) und im Teil B die Übungen vom Leistungsrichter als ausreichend erachtet wurden. Das zu vergebende Ausbildungskennzeichen ist kein solches im Sinne der Zucht-, Zuchtschau-, Kör- oder Ausstellungsordnung eines Mitgliedsverbandes des VDH. Die Ablegung der Prüfung ist im Wiederholungsfalle an keine Frist gebunden. Zum Bestehen der Prüfung müssen im 1. Teil mindestens 70 % erreicht werden.

## Teil 1: Begleithundeprüfung auf einem Übungsplatz oder freiem Gelände

Jede Einzelübung beginnt und endet mit der Grundstellung. In der Grundstellung sitzt der Hund auf der linken Seite gerade neben dem Hundeführer, mit dem rechten Schulterblatt in Kniehöhe. Die Endgrundstellung der vorhergehenden Übung kann als Anfangsgrundstellung der Folgeübung verwendet werden.

Der Leistungsrichter gibt Anweisung zu Beginn einer Übung. Alles weitere, wie Wendungen, Halt, Wechseln der Gangart usw. wird ohne Anweisung des Leistungsrichters ausgeführt. Es ist jedoch dem Hundeführer gestattet, diese Anweisungen vom Leistungsrichter zu erfragen.

Das Loben des Hundes ist nach jeder beendeten Übung erlaubt. Danach kann der Hundeführer eine neue Grundstellung einnehmen. Zwischen Lob und Neubeginn ist ein deutlicher Zeitabstand (ca. 3 Sek.) einzuhalten. Zwischen den Übungen muss der Hund bei Fuß geführt werden.

(Anmerkung: NS = Normalschritte, Gst = Grundstellung, H = Hundeführer)

### 1. Leinenführigkeit (15 Punkte)
(Hörzeichen: „Fuß")

### 2. Freifolge (15 Punkte)
(Hörzeichen: „Fuß")
Schema der Leinenführigkeit und Freifolge

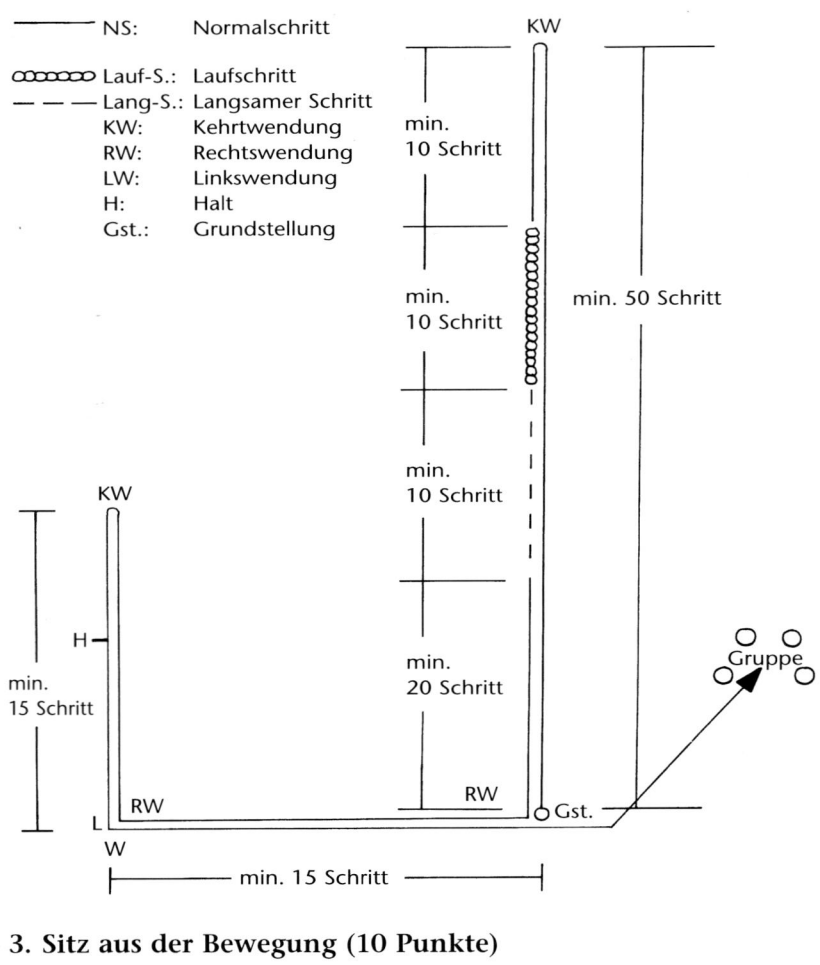

## 3. Sitz aus der Bewegung (10 Punkte)
(Hörzeichen: „Fuß" und „Sitz")

| 10–15 NS | „Sitz" | mindestens 30 NS |
|---|---|---|
| Gst ———————————X————————————————H |

## 4. Ablegen in Verbindung mit Herankommen (10 Punkte)
(Hörzeichen: „Fuß", „Platz", „Hier"/Name des Hundes und „Fuß")

| 10–15 NS | „Platz" | mindestens 30 NS |
|---|---|---|
| Gst ———————————X————————————————H |

Fach 2 der Begleithundeprüfung „Freifolge".
Dieses Gespann verdient volle 15 Punkte!

Von der Grundstellung aus geht der Hundeführer in Normalschritt mit seinem frei bei Fuß folgenden Hund geradeaus. Nach 10–15 Schritten hat sich der Hund auf das Hörzeichen „Platz" schnell und gerade zu legen, ohne dass der Hundeführer seine Gangart unterbricht oder sich umsieht. Nach mindestens weiteren 30 Schritten bleibt der Hundeführer stehen und dreht sich sofort zu seinem Hund um. Auf Richteranweisung ruft der Hundeführer seinen Hund mit Hörzeichen „Hier" oder mit dem Namen des Hundes heran.

Der Hund muss freudig, schnell und direkt zu seinem Hundeführer kommen und sich dicht und gerade vor ihn setzen. Auf das Hörzeichen „Fuß" hat der Hund schnell die Grundstellung einzunehmen.

Bleibt der Hund bei der Übung „Platz" stehen oder setzt er sich hin, so werden 5 Punkte für dieses Fehlverhalten entwertet.

### 5. Ablegen unter Ablenkung

Zu Beginn der Unterordnung eines anderen Hundes legt der Hundeführer seinen Hund an einem vom Leistungsrichter angewiesenen Platz aus der Grundstellung ab, und zwar ohne die Führerleine oder sonst einen Gegenstand bei ihm zu belassen. Der Hundeführer entfernt sich 30 Schritte. Bei der Begleithundeprüfung steht der Hundeführer mit dem Rücken zum Hund. Der Hundeführer darf dabei den Vorführplatz nicht verlassen. Während der Ablage hat der Hund ruhig liegen zu bleiben. Auf Richteranweisung tritt der Hundeführer an die rechte Seite seines Hundes und nimmt ihn nach vorgegebenem Zeitabstand mit dem Hörzeichen „Sitz" in die Grundstellung. Sitzt, steht oder liegt der Hund unruhig oder entfernt sich der Hund bis zu 3 Meter vom Ablageplatz, erfolgt eine Teilbewertung. Verlässt der Hund den Ablageplatz um mehr als 3 Meter, erfolgt keine Teilbewertung.

# Teil 2: Prüfung im Verkehr

## Allgemeines

Die Übungen sollen im öffentlichen Verkehrsraum (Straßen, Wege oder Plätze) mit mäßigem Verkehr durchgeführt werden. Der öffentliche Verkehr darf nicht beeinträchtigt werden. Nur der zu prüfende Hund, sein Führer, der Leistungsrichter, gegebenenfalls auch der Prüfungsleiter sind in Aktion. Alle anderen Teilnehmer halten sich mit ihren Hunden abseits an einem geeigneten Ort (Vereinsheim, Übungsplatz, sonstiger Treffpunkt) auf Abruf bereit. Die Durchführung dieses Teils der Prüfung erfordert wegen ihrer Eigenart einen erheblichen Zeitaufwand. Die Leistungsanforderungen dürfen nicht durch oberflächliche Abnahme vieler Hunde beeinträchtigt werden. Daher dürfen an einem Prüfungstag höchstens 15 Hunde geprüft werden. Punkte werden für die einzelnen Übungen des Teils B nicht vergeben. Für das Bestehen dieser Prüfungsabteilung ist der gesamte Eindruck über den sich im Verkehr bewegenden Hund maßgeblich.

## Prüfungsablauf

### 1. Führigkeit und Verhalten im Straßenverkehr

Auf Richteranweisung begeht der Hundeführer mit seinem angeleinten Hund einen angewiesenen Straßenabschnitt auf dem Gehweg. Der Leistungsrichter folgt dem Hundeführer in angemessener Entfernung. Der Hund soll an der linken Seite des Hundeführers an lose hängender Leine – mit der Schulter in Kniehöhe des Hundeführers bleibend – willig folgen. Dem Fußgänger- und Fahrverkehr gegenüber soll sich der Hund gleichgültig verhalten.

Auf seinem Weg wird der Hundeführer von einem vorbeilaufenden Passanten (Auftragsperson) geschnitten. Kurze Zeit später überholt den Hundeführer ein dicht von hinten vorbeifahrender Radfahrer (Auftragsperson) auf dem Radweg oder der Fahrbahn. Das Vorbeifahren hat so zu erfolgen, dass sich der Hund zwischen Hundeführer und vorbeifahrendem Radfahrer befindet. Im Vorbeifahren wird Klingelzeichen gegeben. Danach macht der Hundeführer kehrt, geht auf den Leistungsrichter zu, bleibt bei diesem

Der Leistungsrichter erklärt diesem Gespann, was in Fach 4 der Begleithundeprüfung gezeigt werden muss.

In Grundstellung gibt dieser Junge seinem Pudel das Kommando „FUSS"...

...dann das Kommando „PLATZ"...

...und entfernt sich von seinem abgelegten Hund.

Der Hund wird mit „HIER" abgerufen.

stehen, begrüßt ihn mit Handschlag und unterhält sich mit ihm. Der Hund darf hierbei stehen, liegen oder sitzen, hat sich aber ruhig zu verhalten.

Nach Einnahme der Grundstellung wird kräftig gelobt. Bravo: Das Fach ist erfolgreich bestanden!

Gruppenbild nach erfolgreich abgelegter Begleithundeprüfung in der Stadt.

## 2. Verhalten des Hundes unter erschwerten Verkehrsverhältnissen

Auf Richteranweisung bewegt sich der Hundeführer mit seinem Hund inmitten stärkeren Passantenverkehrs.

Der Hundeführer hat zwischendurch zweimal zu halten. Beim ersten Mal hat sich der Hund auf Hörzeichen zu setzen, beim zweiten Mal erhält er das Hörzeichen „Platz", worauf er sich schnell hinzulegen und liegen zu bleiben hat. Innerhalb dieser Übung ist ein kurzes Verweilen an einer Stelle mit außergewöhnlichen Geräuschen einzuflechten (vorüberfahrende Züge an einer Bahnstrecke, Durchschreiten einer Unter- oder Überführung bei Zugfahrten, Straßenbahnen usw.). Der Hund soll auch im starken Passantenverkehr und bei außergewöhnlichen Geräuschen seinem Hundeführer aufmerksam, willig und unbeeindruckt folgen. (Geeignete Örtlichkeiten für diese Übung: belebte Plätze, Bahnhofshallen, Omnibusbahnhöfe usw.)

### 3. Verhalten des kurzfristig im Verkehr angeleint allein gelassenen Hundes, Verhalten gegenüber Tieren

Auf Richteranweisung begeht der Hundeführer mit angeleintem Hund den Gehweg einer mäßig belebten Straße. Nach kurzer Strecke hält der Hundeführer auf Anweisung des Leistungsrichters und befestigt die Führleine an einem Zaun, Mauerring oder dergleichen. Der Hundeführer begibt sich dann für 2 Minuten außer Sicht in ein Geschäft oder einen Hauseingang. Der Hund darf stehen, sitzen oder liegen. Während der Abwesenheit des Hundeführers geht ein Passant (Auftragsperson) mit einem angeleinten Hund in einer seitlichen Entfernung von etwa 5 Schritten am Prüfungshund vorbei. Der allein gelassene Hund soll sich während der Abwesenheit des Hundeführers ruhig verhalten. Den vorbeigeführten Hund (keine Raufer verwenden) soll er ohne Angriffshandlung (starkes Zerren an der Leine, andauerndes Bellen) passieren lassen.

*Anmerkung:*

Es bleibt dem amtierenden Leistungsrichter überlassen, ob er die einzelnen Übungen mit jedem Hund an den jeweils vorgesehenen Orten durchführt oder ob er alle Prüflinge nur je eine Übung absolvieren lässt und dann den nächsten Prüfungsort aufsucht und dort ebenso verfährt.

# Schlusswort

Abschließend möchte ich einen Dank an meine Hündin „Donna" (mit der alles begann) sowie ihre Töchter „Quincy" und „Leila", die mich im Laufe der Jahre zur Geduld und zur Konsequenz erzogen haben, richten. Ich bin stolz darauf, so viel von ihnen gelernt zu haben, und am meisten freue ich mich darüber, dass ich täglich durch sie erfahre, dass ich Gott sei Dank niemals alles wissen werde.

Wenn Sie das Kapitel 5 über die „Begleithundeausbildung" gelesen und/oder ehrgeizig studiert haben, so möchte ich Ihnen eines mit auf den Weg schicken:

Ich selbst bin schon diverse Male durch Prüfungen gefallen. Ich bin stolz darauf, denn auf einer selbst teilgenommenen Prüfung lernt man mehr als sonst irgendwo. Hinzu kommt, dass jede Prüfung in der Ahnentafel oder in einem anderen Leistungsnachweis vermerkt wird. Ich bin der Meinung, dass eine volle Ahnentafel – auch wenn man mal nicht bestanden hat – nur davon zeugt, dass man mit seinem Hund gearbeitet hat. Eine leere Ahnentafel hingegen zeugt jedoch davon, dass man faul war und nichts mit seinem Hund gemacht hat. Ich selbst bin stolze Besitzerin von drei Retriever-Hündinnen, die zum Glück schussfest sind, und halte mir durch meine ehrenamtliche Tätigkeit als Ausbilderin stets vor Augen, dass selbst ein schussscheuer Jagdhund, der nie eine Prüfung bestehen könnte, ein ganz toller und zuverlässiger Begleit- und Familienhund ist.

Wenn ich einmal durch eine Prüfung gefallen bin, dann fühle ich mich weder peinlich vor anderer Prüfungsteilnehmern berührt, noch bin ich böse auf meinen Hund! Ich sage mir: Neues Spiel – neues Glück! Und: Was kann ich aus der Prüfung lernen! Wie Sie jetzt wissen sollten: Der Hund macht aus seiner Sicht nichts falsch!

Außerdem kann man Prüfungen so oft wiederholen, wie man möchte und eine bestandene Prüfung sollte kein Anlass dazu sein, seinen Hund vor dem Ofen verkümmern zu lassen! Er braucht ein Leben lang seine Aufgabe(n)!

# Literatur

*Aldington, Eric H. W.:* Von der Seele des Hundes. Verlag Gollwitzer, Weiden 1992.

*Aldington, Eric H. W.:* Was tu ich nur mit diesem Hund? Verlag Gollwitzer, Weiden 1994.

*Aldington, Eric H. W.:* Mach mehr aus Deinem Hund. Verlag Gollwitzer, Weiden 1998.

*Gebhardt, H. und Haucke, G.:* Die Sache mit dem Hund. Rasch und Röhring 1990.

*Hallgren, Anders:* Hundeprobleme Problemhunde. Oertel + Spörer, Reutlingen 1993.

*Lehari, Gabriele:* Hundehaltung – gewusst wie. Oertel + Spörer, Reutlingen 1998.

*Müller, Manfred:* Die Spezialausbildung des Schutzhundes. Oertel + Spörer, Reutlingen 1998.

*Narewski, Ute:* Welpen brauchen Prägungsspieltage. Oertel + Spörer, Reutlingen 1996.

*Ochsenbein, Urs:* Der neue Weg der Hundeausbildung. Müller Rüschlikon, Cham 1995.

*Rauth-Widmann, Brigitte:* Retriever. Oertel + Spörer, Reutlingen 1998.

*Trummler, Eberhard:* Ein Hund wird geboren. Kynos Verlag, 1992.

*Weidt, Heinz und Berlowitz, Diana:* Spielend vom Welpen zum Hund. Naturbuch Verlag, Augsburg 1996.

*Weidt, Heinz und Berlowitz, Diana:* Das Wesen des Hundes. Naturbuch Verlag, Augsburg 1998.

# Wichtige Adressen

## Dachverbände der Mitgliedsländer der FCI (Féderation Cynologique Internationale)

*Belgien*
Societe Royale De Saint Hubert
98, Avenue Albert Giraud
B-1030 Brüssel
Tel.: 00 32-2-2 45 48 40
Fax: 00 32-2-2 45 87 90

*Dänemark*
Dansk Kennel Klub
Parkvej 1, Jersie Strand
DK-2680 Solrod Strand
Tel.: 00 45-56-18 81 00
Fax: 00 45-56-18 81 91

*Deutschland*
Verband für das Deutsche Hundewesen
e. V.
Postfach 10 41 54
44141 Dortmund
Tel.: 02 31/56 50 00
Fax: 02 31/59 24 40

*Finnland*
Finska Kennelklubben
Kamreerintie 8
SF-02770 Espoo
Tel.: 00 35-8-98 05 77 22
Fax: 00 35-8-98 05 46 03

*Frankreich*
Societe Centrale Canine Pour
L'Amelioration de Race de Chiens en
France
155, avenue Jean jaures

F-93535 Aubervilliers Cedex
Tel.: 00 3-1-49 37 54 00
Fax: 00 33-1-49 37 01 20

*Israel*
Ente Nazionale Della Cinofilia Italiana
P.O. Box 1 05 55
IL-52110 Ramat Gan
Tel.: 0 09 72-3-6 72 71 74
Fax: 0 09 72-3-6 72 71 73

*Kroatien*
Hrvatski Kinoloski Savaz
Ilica 61
KR-41000 Zagreb
Tel.: 00 38-1-4 84 61 24
Fax: 00 38-1-4 84 61 24

*Luxemburg*
Union Cynologique Saint Hubert Du
Grand Duche Du Luxembourg
Boite Postale 69
L-4901 Bascharage
Tel.: 00 35-2-50 28 66
Fax: 00 35-2-50 54 14

*Monaco*
Societe Canine de Monaco
Avenue d'Ostende 12/Palais des Congres
MC-98000 Monte Carlo
Tel.: 0 03 77-93-50 55 14
Fax: 0 03 77-93-50 55 03

**Niederlande**
Raad van Beheer op Kynologische Gebied
In Nederland
Postbus 7 59 01
NL-1070 AX Amsterdam Z
Tel.: 00 31-20-6 64 44 71
Fax: 00 31-20-6 71 08 46

*Österreich*
Österreichischer Kynologenverband
Johann Teufelgasse 8
A-1238 Wien
Tel.: 00 43-1-8 88 70 92 od 8 88 70 93
Fax: 00 43-1-8 89 26 21

*Polen*
Zwiazek Kynologiczny W Polsce
Ul. Nowy-Swiat 35
PL-00039 Warszawa
Tel.: 00 48-22-8 26 05 74
Fax: 00 48-22-8 26 45 54

*Schweden*
Svenska Kennelklubben
Rinkebysvängen 70
S-16385 Spänga
Tel.: 00 46-8-7 95 30 00
Fax: 00 46-8-7 95 30 40

*Schweiz*
Schweizerische Kynologische Gesellschaft
Länggastraße 8
Postfach 82 17
CH-3001 Bern
Tel.: 00 41-31-3 01 58 19
Fax: 00 41-31-3 02 02 15

*Slovenien*
Kinoloska Sveza Slovenije
Ilirska 27
Slov-61000 Ljubljana
Tel.: 0 03 86-61-32 09 49
Fax: 0 03 86-61-31 54 74

*Tschechien*
Ceskomoravska Kynologicka Unie
U Pergamensky 3
CR-1700 Prag 2
Tel.: 00 42-2-8 72 22 42
Fax: 00 42-2-8 72 22 42

**Deutsche Kynologische Organisationen**

Verein für Deutsche Schäferhunde (SV)
Beim Schnarrbrunnen 44
86150 Augsburg

Deutscher Verband der Gebrauchshundesportvereine e. V.
Hamburger Straße 55
44135 Dortmund

Interessengemeinschaft Deutscher Hundehalter e. V.
Auguststraße 5
22085 Hamburg

dhv Offizielles Organ des Deutschen Hundesportverbandes e. V.
DVG-Hauptgeschäftsstelle
Gustaf-Sybrechtstraße 42
44536 Lünen
Tel.: 02 31/8 79 49

194

# Sachwortregister

**A**

Ablegen 127, 166–167, 169, 172, 180, 182
Abrufen 126, 137, 145, 150, 168
Aggressivität 32, 68
Alleinbleiben 50–52, 68
Angstbeißer 68
Anspringen 83
Apportel 71, 136, 173–174
Autofahren 48, 56–57, 59, 85

**B**

Ball 21, 76, 84
Begrüßungsfreude 28
Beißhemmung 37–38, 40, 105
Betteln 64–65, 94
Beutetrieb 33, 41, 65, 69, 71, 104, 116, 120, 174
Bezugsperson 14, 56, 65
Bindungsspiele 85–86, 108
Blickkontakt 14, 118, 139, 153
Brustgeschirr 44
Bürsten 37, 54

**D**

Dominanz 104, 168
Dominanzblick 32, 36
Dominanzgeste 32
Dominanzgriff 33, 118
Dominanzverhalten 33, 143
Dummy-Arbeit 152, 173, 176

**E**

Endloswürger 44

**F**

Fahrradhilfe 98, 101
Fellpflege 14, 21

**F** (Fortsetzung)

Flexi-Leine 6, 44, 48
Fluchtverhalten 67
Freifolge 123, 127, 162, 164, 179
Frustration 52, 71
Futterneid 105

**G**

Gitterbox 58
Grundgehorsam 145, 176

**H**

Halti 116–118
Hundesprache 16

**I**

Imponiergehabe 80

**K**

Kampftrieb 41
Katze 61–63, 94
Kinder 24, 28, 70, 105, 108, 133, 145
Kleidung 123–124
Kommandoliste 21–22, 71, 113–114
Konditionierung 60, 67
Kontaktliegen 14, 38
Konzentrationsfähigkeit 122, 127
Körpersprache 18, 20, 69, 104, 123, 130, 136, 156

**L**

Langeweile 71
Läufigkeit 130
Lebensmittelschleppe 37
Lernerfolg 30

**M**

Mimik 18, 20, 39, 65, 69, 112, 123, 136

**N**
Nachtlager 27

**R**
Reizangel 88, 119
Rudelführer 14, 16, 37, 68, 76,
    145

**S**
Schussfestigkeit 177
Selbsterziehung 13
Slalom 78, 95, 126
Sozialverhalten 79, 122, 127
Spielaufforderung 36, 104
Stadtspaziergang 90, 96, 126
Steadyness 52–54, 56, 59, 67, 127, 137
Stimuli 60
Stock 32, 76, 89
Stubenreinheit 8, 25

**T**
Tadel 18, 20, 28, 32
Timing 18, 26, 29, 50, 53, 61, 71, 77,
    99, 152
Tollwutschutzimpfung 120

**U**
Umbenennung 28
Unterordnung 80, 87, 104, 142, 168,
    182

**W**
Wurfkette 87, 118–119, 124, 140, 143
Würger 44

**Z**
Zerrspiele 41
Zimmerkennel 27, 58
Zwingerhusten 120

# Abbildungsnachweis

Lehari, Gabriele, Reutlingen: Titel, 23, 27, 31, 54, 62, 70, 74, 107, 138, 139, 151

Rogen, Markus, München: 95, 188

Wagner, Heike E., Esslingen: 81

Widmann, Karl-Heinz, Böblingen: 15, 19, 34, 35, 39, 43, 46, 47, 50, 55, 57, 75, 91, 92, 93, 99, 106, 117, 121, 124, 125, 131, 134, 135, 144, 148, 149, 154, 155, 158, 160, 161, 163, 170, 171, 174, 175, 181, 184, 185, 186, 187, Rückseite